OTTO GERBER | ALGE

Die Bibliografische Information der Deutschen Nationalbibliothek

Die Deutsche Nationalbibliothek verzeichnet diese Publikation in der Deutschen Nationalbibliografie; detaillierte bibliografische Daten sind im Internet über www.d-nb.de abrufbar.

Einbandabbildung: © Maximusdn, Fotolia

Herstellung und Verlag: Books on Demand GmbH, Norderstedt

© 2019 Alle Rechte beim Autor

Der Abdruck der *Einstein*-Zitate erfolgt mit freundlicher Genehmigung der Bonnier Media Deutschland GmbH (Piper-Verlag).

ISBN 978-3-7357-6295-5

Otto Gerber

A   *Allmacht*

L   *Liebe*

G   *Gerechtigkeit*

E   *Ebenbild*

Antworten auf **23** Lebensfragen

INHALT

Warum gibt es überhaupt etwas,
und nicht nichts?

Gottfried Wilhelm Leibniz
(1646 –1716)

Dein Buch habe ich heute Nacht geschafft. Wahrhaft vielseitig, tiefgründig. Ich werde es »verleihen« und bin gespannt, was meine Bischöfin in München dazu meint. Dieses Buch sollte Pflichtlektüre für alle Lebenslagen sein – lebensnaher als die Bibel.

Waltraud Borsodi aus Bayern

WARUM DIESES BUCH?

Seit etwa 15 Jahren habe ich mir in größeren Abständen jeweils Lebensfragen notiert. Es sind solche, die offenbar die Menschheit schon über Jahrhunderte beschäftigen. Solche Fragen habe ich nun nach meiner Pensionierung geordnet und niedergeschrieben.

Meine Absicht war, Menschen anzufragen, die u. a. auch in der Öffentlichkeit aktiv sind, und zwar nach folgenden Gesichtspunkten:

a   Christentum (Katholik, Protestant, übrige)
b   Agnostiker
c   Reinkarnation
d   Philosophie/Ontologie
e   Atheismus

Meine Motivation lag darin, mindestens sieben Antwortbogen zu erhalten, wobei wenigstens die Hälfte der Antwortgeber sowohl regional als auch überregional bekannt sind. Das Erreichen dieser Vorgabe war die größte Hürde bei diesem Projekt.

Daher bin ich sehr dankbar, dass meine sicherlich hohen Ansprüche vollumfänglich abgedeckt werden konnten.

Wädenswil, im August 2019
Otto Gerber

WEN BAT ICH, MEINE FRAGEN
AUS SEINER SICHT ZU BEANTWORTEN?

Reiner, 85, fröhlicher Rentner, verwitwet, ohne Kinder, körperlich altersgemäß etwas reduziert, geistig absolut topfit und noch sehr aktiv (Hörgeschichten schreiben und vortragen sowie regelmäßig singen mit den Dementen aus Pflegeabteilungen), eifriger, wissbegieriger Leser (dazu gehören täglich mindestens vier fremdsprachige Zeitungen). Früher war er in diversen Top-Managements tätig.

Lieber Otti

Danke für Deine Umfrage. Da hast Du aber eine gewaltige Lawine losgetreten! Viele der aufgeworfenen Fragen lassen sich nur mit längerer Erklärung oder gar nicht beantworten. Auf Deinen »Schlussbericht« bin ich natürlich gespannt.

Viele Deiner Fragen drehen sich um Glauben und Religion. Dazu muss ich sagen, dass ich Agnostiker bin. Was ist ein Agnostiker? Die beste Definition fand ich auf der Internetseite *Was glaubst Du denn?*[1]:

Ein Agnostiker (altgriechisch, nicht wissen) geht davon aus, dass sich die Existenz oder Nichtexistenz eines Gottes bzw. mehrerer Götter sowie übersinnlicher Wesen wie Engel und Geister nicht beweisen lässt. Auf die Frage »Gibt es einen Gott?« antwortet er: »Ich weiß es nicht.« Dies unterscheidet ihn von einem Atheisten, der von einer gottlosen Welt klar überzeugt ist, sowie von einem Gläubigen, der sich alles durch und mit Gott erklärt. Der Agnostiker empfindet beide Haltungen als anmaßend, denn er betrachtet das menschliche Wesen als in dieser Hinsicht begrenzt. Seiner Auffassung nach gibt es Argumente für und auch Argumente gegen religiöse Weltanschauungen. Er kann und will sich nicht für eine Seite entscheiden. Es gibt Agnostiker (zu denen ich auch gehöre), *die dennoch religiös sind, das heißt sie glauben an einen Gott und akzeptieren gleichzeitig, dass es ihn eventuell gar nicht gibt, weiter praktizieren sie religiöse Bräuche mit dem Wissen, dass diese*

---

1 www.wasglaubstdudenn.de/spuren/143250/was-ist-ein-agnostiker; Hrsg.: Bundeszentrale für politische Bildung/bpb, Bonn 2012

möglicherweise wirkungslos sind. Meistens jedoch behaupten Agnostiker, dass Gottesbeweise, Wundererlebnisse sowie Vorstellungen von der Erschaffung der Welt, Himmel und Hölle, Wiedergeburt oder ein Weiterleben nach dem Tod einer Überprüfung mit Hilfe der modernen Naturwissenschaft nicht standhalten.

So musst Du verstehen, dass viele Deiner Fragen für mich sehr schwierig zu beantworten sind.

Peter, 81, und Cornelia, 64, seit 22 Jahren ein Paar. Beide sind topfit. Peter war früher über 20 Jahre erfolgreich im Außendienst tätig. Er bildete sich in alternativen Heilmethoden aus und arbeitet mit Reiki, Massagen, Rückführungen und anderen Naturheilpraktiken. Beide verfügen heute über eine jahrzehntelange Erfahrung in diesem Bereich und sind Eltern nicht gemeinsamer erwachsener Kinder.

Lieber Otti
Beiliegend die Antworten auf Deine interessanten Fragen. Ich versuchte, Dir die Fragen so

gut wie möglich zu beantworten. Und wie Du weißt, ist ja auch Feuerlaufen für viele Leute unmöglich, es könnte ja brennen.

Liebe Grüße in Verbundenheit

Hedi, 68, verh., 2 erwachsene Kinder, 3 Enkel, Grafologin und außergewöhnliche Lebensberaterin:

Lieber Otti
Auch wenn es mit mir etwas lange gedauert hat, habe ich deine Fragen gerne beantwortet, und sie haben mich zum Denken angeregt. Ich habe mich kurz gehalten und bin nicht auf jede Frage im Einzelnen eingegangen, weil ich mich wiederholt hätte oder mein Gottesverständnis ein anderes ist. Falls du mehr wissen willst, kannst du dich ja jederzeit melden.
Als Erstes ist es sicher am besten, wenn ich dir meine Vorstellung vom Göttlichen darlege.
Für mich ist Gott ein Zustand, eine Energie, ein Kraftfeld, eine Dimension, die wir uns nicht vorstellen können. Die Welt wurde irgendwann »in Gang« gesetzt, alles ist geregelt,

untersteht Gesetzmäßigkeiten und der Kausalität. Gott wird also weder helfend noch strafend in die Evolution eingreifen, weder bei den Menschen noch in der Natur. Alles ist bereits »eingefädelt«, so im Sinne von »geprägte Form, die lebend sich entwickelt«. Wenn ein solches Energiefeld, genannt Gott, tatsächlich existiert, erscheint es mir absolut lächerlich zu glauben, dass diese höchste Kraft konfessionsgebunden sein sollte.

Dazu gebe ich zu bedenken, dass wir nur zufällig Christen sind. Wären wir in einem anderen Teil der Welt geboren worden, wären wir Hindus, Moslems, Buddhisten oder sonst was. Die verschiedenen Religionen der Welt haben ihre Berechtigung. Sie sind kulturell bedingt und sind die Grundlagen für säkulare Gesetzgebung und prima geeignet, um die Massen gefügig zu machen. Zudem haben die verschiedenen Religionen, geht man ihnen auf den Grund, mehr Gemeinsamkeiten, als wir annehmen. Alle Menschen auf der ganzen Welt haben so etwas wie einen göttlichen Funken in sich. Dieser Funke ist die Verbindung zu Gott und durch diesen Funken ist es möglich, dass wir Zugang zum Göttlichen haben, uns weiterentwickeln können und mit großer Wahrscheinlichkeit auch dazu gezwungen sind. Was hat Gott wohl gemacht, bevor er die Welt erschuf? Was hat ihn dazu bewogen? Was war vor der Ewigkeit?

Beno, 50, gelernter Schreiner, während 20 Jahren war er Franziskanermönch im Franziskanerkloster Werd TG als Bruder Beno; während dieser Zeit und nach dem Austritt wegen Heirat widmet er sich der Gassenarbeit und organisiert Wasserprojekte etc. in Afrika, verheiratet, 1 Kind, 2013 Masterarbeit in Sozialmanagement. Zahlreiche Medienauftritte im In- und Ausland.

Entschuldige die Schreibfehler. Ich habe jetzt einfach nicht die Muße, es perfekter zu machen. Aber ich habe es in Liebe und Dankbarkeit für Dich, Otti, geschrieben. Danke, dass du mich gelehrt hast, über das Feuer zu gehen.[2]

---

2 Bemerkung des Verfassers: AT Jesaia, Kapitel 43,2: *Wenn du durch Feuer schreitest, die Flamme wird dich nicht versengen, du wirst dich nicht verbrennen.*

Peter A., 82, Major Heilsarmee, verheiratet, 4 erwachsene Kinder. Er wuchs in einer Kleinbauernfamilie (7 Kinder) in Faulensee und Umgebung auf. Ursprünglich erlernte er den Beruf des Mechanikers, ehe er sich bei der Heilsarmee vollberuflich mit großem Einfühlungsvermögen einbringen konnte.

Sehr geehrter Herr Gerber
Die Antworten sind nicht als absolut gültig zu verstehen. Sie entsprechen meinen Gefühlen und meinem Verständnis von meinem Gott.

Ernst, 57, ref. Pfarrer, ledig. Als KV-Lehrling erlernte er den Beruf eines Bankers. Auf dem 2. Bildungsweg studierte er nach der Matur Theologie und arbeitet seit seinem 40. Lebensjahr als Pfarrer. In dieser Eigenschaft ist er in der Gemeinde überaus aktiv und äußerst beliebt.

Lieber Otti
Endlich erhältst du meine Antwort. Habe vielen Dank für deine Geduld. Zum Teil sind es natürlich Fragen, da könnte man ganze Semi-

nare dazu machen – und die Antworten sind dementsprechend kurz und dürftig. Aber du nimmst ja meine Antworten nicht als Wahrheiten, sondern als Richtungsweiser, wie ich es verstanden habe (haben möchte).

Ich wünsche dir einen frohen und leichten Sommer.

Daniel, 54, 1 erwachsenes Kind, Ausbildung als Bankkaufmann, später Umschulung im Gesundheitswesen, Inhaber und Geschäftsführer einer Schule im Pflegebereich.

Lieber Otti

Was lange währt ... Ich könnte noch tagelang daran arbeiten. Vielleicht kannst Du was gebrauchen?

Herzliche Grüße

WEN BAT ICH NICHT, SICH ZU MEINEN FRAGEN ZU ÄUSSERN?

Offenheit setzt Lernbereitschaft voraus (Rilke). Daher war ich nicht an Antworten von Menschen interessiert, die die unumstößliche Wahrheit bereits kennen. Ich denke da insbesondere an eine frühere Diskussion mit Vertretern der Zeugen Jehovas, die sich an meiner Haustüre meldeten. Blinder Glaube wird die Welt nicht retten, auch wenn wir aus der Sicht dieser Alleswisser zu den »Verlorenen« gehören. Das Gleiche finden wir übrigens auch im Verhältnis Islam – Christentum.

Eigentlich bot sich mir zweimal noch die »hervorragende« Möglichkeit, die Fragen aus »erster Hand« beantwortet zu bekommen. Gleich zweimal lernte ich an gesellschaftlichen Treffen Männer kennen, die vorgaben, der wiedererschienene Jesus zu sein. Beide sprachen durchaus ernst und kompetent. Es erstaunte mich daher nicht, dass diese innerhalb der Gäste ein paar neue Anhänger/innen dazugewinnen konnten. Über diese Begegnungen könnte ich allein schon ein paar Seiten schreiben. Ich belasse es aber dabei, festzuhalten, dass mein Bauchgefühl überzeugende Abwehr leistete, sodass ich diese »einmalige Gelegenheit« ungenutzt verstreichen ließ. Wie drückte es der Bibelkenner Adolf Martin Däumling (s. auch weiter hinten) aus: »Wenn jemand behauptet, direkt mit Gott in Verbindung zu sein (wozu ja auch Gottes Sohn zählt), dann würde er vor Ehrfurcht bass erstaunen und keine Worte mehr über die Lippen bringen.« Wer ein bisschen googelt, findet zahlreiche selbsternannte »Jesus-Nachfolger«, die durchaus überzeugend wirken. Ich gehe aber davon aus, dass Jesus nicht gleichzeitig mehrmals in Erscheinung tritt.

Kürzlich berichtete das Fernsehen N24 über eine erstaunliche Leistung in der Weltraumforschung, wonach die europäische Raumsonde Rosetta zum Kometen Tschurjumow-Gerassimenko reiste. Der Start der europäischen Sonde erfolgte mit einer Arian 5G-Rakete (ESA am 2. März 2004 um 08.17 Uhr). Keine heutige Trägerrakete ist imstande, einen solchen Satelliten direkt zum Kometen zu schießen. Daher wurde das sogenannte Swing-By-Manöver mehrmals durchgeführt. Das heißt, der Satellit wird in entsprechenden Winkeln mehrmals an der Erde und dem Mars vorbeigelenkt und erhält durch deren Gravitation und die Sonnenumlaufsgeschwindigkeit jedes Mal neuen Schwung. Am 30. September 2016, also nach über 12 Jahren, erreichte Rosetta den Kometen. Zurückgelegt wurde während dieser Zeit eine Strecke von 7,1 Milliarden Kilometern bei einer Geschwindigkeit von bis zu 55'000 km/pro Stunde. Das Unterfangen kostete die fast 20 beteiligten Nationen knapp zwei Milliarden Euro. Die Solarzellen mit einer Länge von

32 Metern und einer Fläche von 64 m^2 reichten aus, wenigstens in Sonnennähe genügend Energie zu produzieren. Als dann der Abstand zur Sonne zu groß war, wurde Rosetta in einen langen »Winterschlaf« versetzt, damit Energie gespart werden konnte. Der Komet ist sehr klein und hat ein Gewicht von »nur« 10 Milliarden Tonnen. Er dreht sich in gut 12 Stunden einmal um die eigene Achse. Rosetta setzte am 30.9.2016 ein Forschungsgerät auf dem Kometen ab. Aufgrund der äußerst geringen Anziehungskraft des Kometen war dies eine extrem delikate Angelegenheit. Das auf der Erde etwa 100 kg wiegende Gerät liegt auf dem Kometen nur noch mit gut einem Gramm auf. Die Landung erfolgte mit einer Geschwindigkeit von 90 cm pro Sekunde. Ungeachtet dieser langsamen Annäherung wäre das Objekt beim Aufsetzen wegen der geringen Anziehungskraft des Kometen wie ein Pingpong-Ball postwendend wieder in den Raum zurückgeprallt. Spezielle Vorrichtungen konnten dies verhindern. Die Funksignale von der Sonde bis zur Erde benötigten 28 Minuten, und dies bei Lichtgeschwindigkeit. Die Signale sind also mit ca. 300'000 km pro **Sekunde** unterwegs. Als Vergleich: Vom Mond zur Erde benötigen die Funksignale gerade mal

eine Sekunde, von der Sonne zur Erde etwa 8 Minuten. Das ist eine menschlich-wissenschaftliche Höchstleistung, die unglaublich erscheint. Und warum dieser gewaltige Aufwand mit Hunderten von Spezialisten unter enormen Kosten? Man will mehr erfahren über die Ursprünge des Universums und **über die Entstehung des Lebens.** Die ersten Ergebnisse haben gezeigt, dass die uns bekannten physikalischen Gesetze auch im All gelten. Im ganzen Universum laufe alles nach den gleichen Prinzipien ab. Das hat allerdings Rupert Sheldrake in seinem 1981 erschienenen Buch »Das schöpferische Universum« bereits beschrieben. Beispiel: Wenn man eine junge Spinne von der Mutterspinne entfernt und sie separat aufwachsen lässt, dann weiß das Jungtier später genau, wie das höchst komplizierte Netz gesponnen werden muss. Dies geschieht ohne Überlieferung durch die Vorfahren. Sheldrake nennt dies das morphogenetische Feld, welches universell gilt. Man geht davon aus, dass es unzählige erdähnliche Planeten allein in unserer Galaxie gibt, sodass die Frage berechtigt erscheint, ob dort sich ähnliches Leben wie bei uns auf der Erde entwickelt hat.

Ein Physiker vom Europäischen Raumfahrtzentrum erklärte am Fernsehen (9.10.2016 N24), es gebe zwei Möglichkeiten der Entstehung unseres Lebens:

- Entweder beruhe alles auf einem Zufall, oder aber
- eine »göttliche Kraft«, wie immer man das nennen möge, könnte dies erschaffen haben.

Er selbst glaube weniger an einen Zufall. Das wäre – natürlich nur symbolisch gesehen –, wie wenn man die sechs Millionen Einzelteile (!) eines Jumbojets in die Luft werfen würde, und beim Herunterfallen wären diese Teile zufälligerweise zu einem Jumbojet Boeing 747-400 zusammengefügt.

Es kann sein, dass es in weiterer Zukunft der Menschheit gelingen wird, anderem oder gar ähnlichem Leben, wie wir es kennen, irgendwo im All zu begegnen.

Selbst dann ist aber die Frage noch nicht geklärt, wer uns in dieses Universum gesetzt hat.

Es ist die ewige Frage und die Suche nach einer Antwort, die uns beschäftigt: Woher kommen wir und wohin gehen wir? Was ist der Sinn unseres Daseins? Genau aus diesen Fragen heraus haben sich unzählige Religionsgemeinschaften entwickelt. Die meisten davon sind von ihrer Wahrheit überzeugt (Ausschließlichkeit) und lassen anderes Gedankengut nicht zu, wobei zu bedenken ist, dass fast alle Kriege »im Namen Gottes« ausgetragen werden. Der Philosoph und Bibelkenner Adolf Martin Däumling hat in einem Vortrag erklärt, um ein Beispiel zu nennen, dass der Islam und das Christentum zu den größten Zwangsreligionen zählen.

Unsere Gesellschaft ist christlich geprägt. Ob Gläubiger oder Atheist, jeder Mensch macht sich Gedanken über gewisse Fragen. Geht es nachher weiter oder ist alles nur ein Traum oder Zufall? Wir wissen es nicht, glauben können wir allerdings sehr wohl. Seit über 2000 Jahren sind große Köpfe in die Geschichtsbücher eingegangen, die sich mit grundlegenden Fragen befassten (z. B. Seneca, Einstein, Frankl, Platon, Dethlefsen/Dahlke, Gandhi, Dalai Lama, von Weizsäcker und viele mehr). Wären abschließende Antworten gefunden worden, würden sich heute keine Fragen mehr stellen.

Bezogen auf das Christentum habe ich mir im Laufe meines Lebens viele Fragen gestellt und auch mit interessierten Menschen darüber gelegentlich diskutiert. Auf der Schlussgeraden meines Lebens glaube ich, auch zahlreichen »weisen Menschen« begegnet zu sein. Nicht bei allen hatte ich die Gelegenheit, mich über solche Sinnfragen noch tiefer zu unterhalten. Daher dieser Fragebogen.

Gerne werde ich die Antworten zusammenfassen und jedem, der mir die Fragen **aus seiner Sicht** beantwortet hat, zur Verfügung stellen. Selbstverständlich wird die Anonymität gewahrt. Die Namen spielen in diesem Falle keine primäre Rolle, lediglich ein Hinweis auf die Antwortgeber wäre natürlich wünschenswert. Erwähnt werden nur Angaben, die ich nach Rücksprache mit jedem Antwortgeber erwähnen darf.

ALSO AUF GEHT'S ZU DEN 23 FRAGEN:

EINLEITUNG

Gerade heute erleben wir unglaubliche Vorkommnisse. Da werden Christen in Saudi-Arabien von Staates wegen gesteinigt, wenn sie sich auf die Bibel berufen. Frauen und sogar Kinder werden in den Kriegswirren von Soldaten mehrfach vergewaltigt. Eltern werden vor ihren Kindern gefoltert und getötet. Dies widerfährt auch Menschen, die als Christen zu »unserem« Gott gebetet haben. Einem Dieb wird wegen einer Lappalie die Hand abgehackt. Kleine Mädchen werden unter großen Qualen von Erwachsenen beschnitten und verstümmelt, und dies immer noch millionenfach. Es handelt sich dabei nicht um Einzelfälle, wobei dieses »Ritual« kulturell bedingt ist und nicht ausschließlich religiös. Das heißt, es werden auch christliche Mädchen beschnitten.

Psalm 50,15:
Rufe mich an in der Not, so will ich dich erretten.
Oder: *Rufe mich an am Tage der Not. Ich will*

dich erretten und du sollst mich preisen.
Hiob 22,27, Jeremia 33,3, Lukas 11,9+10

| FRAGE 1 |

Wie erklärst du einem christlich erzogenen Kind oder seinen Eltern, welche unsagbares Leid erfahren haben (z. B. Vergewaltigung), dass unser Gott gerecht ist?

| ANTWORTEN |

Reiner
Gott ist weder gerecht noch ungerecht. Diese Handlungen sind am ehesten verhaltensphysiologisch zu erklären, nämlich des Verhaltens des Säugetiers Mensch. Dies erkannte schon Konrad Lorenz (1903 – 1989), der nicht unumstrittene Nobelpreisträger, in seinem Buch »Das sogenannte Böse«.
Dem christlich erzogenen Kind würde ich einfach sagen: »Gott ist schon gerecht, aber er kann nicht alles kontrollieren. Viele Ereignisse auf dieser Welt sind für uns kleinen Menschen nicht erklärbar. Wir müssen sie einfach akzeptieren.«

Peter und Cornelia

Leider ist im Christentum das Wissen über die Wiedergeburt und die Reinkarnation (mehrere Leben) auf diesem Planeten am Konzil in Konstantinopel unter Kaiser Konstantin aus der Heiligen Schrift entfernt worden. Daher ist es für diese Glaubensrichtung schwierig, einen großen Sinn hinter diesen Erlebnissen zu finden.

Es gibt nichts außerhalb der Energie, die wir als Gott bezeichnen. Sie ist in allen Dingen und Wesen enthalten in verschiedenen Bewusstseinsstufen. Das Spiel der verschiedenen Leben (Wiedergeburten) lässt dich erkennen (alles, was du säst, wirst du ernten), dass alles Leid keine Strafe, sondern eine Erweiterung des Bewusstseins bedeutet. Solltest du in einem früheren Leben jemanden vergewaltigt haben, wird dir das gleiche Schicksal in deinem neuen Leben widerfahren, damit du erkennst, wie es sich anfühlt.

Hedi

Auf der Welt geschehen gleichzeitig schlimme, aber auch wunderbare Dinge. Um mit den Worten C. G. Jungs zu sprechen: »Das Leben kann mit einer blühenden Blumenwiese verglichen werden. Die Sonne scheint, die Bienen summen, die Schmetterlinge flattern, alles wunderschön, und gleichzeitig wird am Boden der Wiese ein Wurm von den Ameisen lebendigen Leibes aufgefressen.«

Was gut und schlecht ist, glauben wir zu wissen. Gott und die Ameisen sehen das vielleicht anders. Was Menschen einander antun, kommt nicht von Gott, es sind die Menschen, die sich so verhalten. Obwohl die jüngsten Schädelfunde ergeben haben, dass es bereits vor 1'750'000 Jahren Menschen gegeben haben soll, geht man in der Psychologie davon aus, dass 9/10 des menschlichen Bewusstseins noch im Unbewussten liege. Vergleichbar mit einem Eisberg, der nur mit 1/10 der Masse aus dem Wasser ragt. Die Menschheit sieht sich als Krone der Schöpfung und steht ja tatsächlich auch an der Spitze der Nahrungskette. Von einem Ebenbild Gottes kann da wohl kaum die Rede sein. Als *homo sapiens* bezeichnen wir uns, obwohl für *Homo* das Wort *Hornochse* eher angebracht wäre. Aber wer weiß, was sich da noch alles tun wird.

Wenn man die Vorkommnisse, die in der Bibel beschrieben werden, symbolisch betrachtet, wie z. B. die Sache von Eva mit dem Apfel, dann bekommt vieles eine andere Bedeutung. Dann geht es plötzlich um Erkenntnis und nicht um Ungehorsam. Natürlich fällt man aus einem paradiesischen Zustand bei erwachender Bewusstheit, und wir können nicht mehr ungestraft aus dem Instinkt heraus handeln.

Interessant ist dabei auch, dass Eva (das weibliche Prinzip) dann nicht mehr die Böse wäre, sondern sie ist dann diejenige, welche Adam zum Bewusstsein verholfen hat.

Durch den göttlichen Funken in uns haben wir alle, aber auch wirklich alle, die Möglichkeit, unsere innere Batterie mit Kraft und Liebe zu füllen. Immer und jederzeit können wir durch das Gebet andocken – nur: jeder muss es für sich selbst tun. Alles ist in seiner Gesetzmäßigkeit erschaffen worden und Gott greift im Einzelfall nicht ein. Es wachsen aber keine Bäume in den Himmel. Das Pendel schlägt immer wieder auf die andere Seite aus und das Licht ist stärker als die Dunkelheit.

Die Gräueltaten auf der Welt sind schwer zu ertragen, aber was wissen wir schon? Die hungernden Menschen im Südsudan hungern vor allem wegen der Kriegszustände und bräuchten unser Handeln. Es wäre natürlich praktisch, wenn Gott das erledigen würde.

Beno

Ups, solche Fragen über Gott zu erklären ist ganz heikel. Ich glaube, hinter allem steht ein Gott der Freiheit, d. h. er lässt auch Leid und Böses zu. Gott will es sicher nicht, aber das ist der Preis der individuellen Freiheit. Bis es zu einer Kindsvergewaltigung kommt, sind schon x-mal kleine Spannen der menschlichen Freiheit echt falsch genutzt worden. Der Vergewaltiger ist oft selbst schon Opfer gewesen. Dies wurde nicht aufgearbeitet und er hat ein ganz krankes Verhältnis zu sich, zum Trieb, zum eigenen Wertesystem und zu seinen Machtgelüsten.

Weshalb gerade dieses Kind missbraucht wird und nicht ein anderes, bleibt ein Geheimnis, aber es gibt Kinder, die irgendwie prädestinierter sind für Missbrauch. Es ist im Seelenfeld irgendwie das Thema Grenzüberschreitung wie schon etwas angelegt. Sei es aus der Familienbiografie oder woher auch immer. Wenn ich auf Gott verweisen müsste, würde ich sagen: Dieser Jesus von Nazareth wurde gekreuzigt. Der Glaube sagt, dass er alles Leid der Welt sozusagen auf sich genommen hat (Gott hat das wüste Spiel mit der Freiheit mitangesehen und nicht eingegriffen). Jesus blieb in der Liebe und hat im Schmerz noch gesagt: »Vater, verzeihe ihnen, denn sie wissen nicht, was sie tun.« In der Bibel lesen wir: »Durch seine Wunden sind wir geheilt.« Wenn es gelingt, durch den Glauben unser Leid ins Leid Jesu zu legen, kann aus der Christuskraft des Auferstandenen Heilung entstehen. Dies geht normalerweise Hand in Hand mit einem Seelsorger/in oder Therapeuten. Wenn in so einem Umfeld die Beziehung zur »heilenden« Vertrauensperson stimmt, kann die Resilienzkraft erwachen, und jemand lernt aus einer Missbrauchserfahrung heraus, stark zu werden.

Peter A.

Ich kann die Frage Ihnen so nicht beantworten. Eine erwachsene Person, die zweifelt an einem allmächtigen souveränen Gott, werde ich mit Argumenten kaum überzeugen können. Ein Kind würde am ehesten eine Antwort annehmen, die ihm Heilung bringt.

Ernst

Für mich ist die Frage falsch gestellt. Sie geht davon aus, dass wir über Gott etwas wissen (gerecht). Das ist aber nicht der Fall. Wir können nichts wissen. Es gibt Dinge, die kann man nicht erklären. Der Mensch würde gerne mit seinem Verstand die Dinge verstehen, weil sie ihm dann nicht mehr so Angst machen würden, aber im Glauben und in der Welt ist vieles, das unverständlich ist. Und es ist trotzdem so, und wir müssen damit leben.

Bei dieser Frage geht man davon aus, dass Gott gerecht ist. Da macht man eine Aussage über Gott, aber was wissen wir schon von Gott? Eigentlich nichts. Und wieso soll Gott gerecht sein? Nur weil wir es uns so sehnlichst wünschen? Vielleicht ist er ja gerecht, aber seine Gerechtigkeit ist eine ganz andere, als wie es sich der Mensch wünscht.

Vergl. Bibelwort aus Jesaja 55,8: *Gott spricht, Meine Gedanken sind nicht eure Gedanken und meine Wege sind nicht eure Wege* (oder umgekehrt).

Daniel

Das Erretten eines Menschen in diesem Sinne betrifft die Seele und den Geist – nicht den Körper! Und wieder hat der grausame Mensch die Macht. Wie soll Gott eingreifen? Er hat uns die Entscheidungsfreiheit gegeben. Er würde sich widersprechen, wenn er dann plötzlich doch eingreifen würde. Trost: »Gottes Mühlen mahlen langsam, aber trefflich fein«, was den Verursacher betrifft.

EINLEITUNG

1. Mose 1,27: *Und Gott schuf den Menschen nach seinem Bilde.*
Oft hört man insbesondere von »tiefgläubigen Christen«, dass es die Menschen sind, die solche Gräueltaten vollbringen und nicht Gott.

| FRAGE 2 |

Was hilft diese Aussage eben einem 6-jährigen Mädchen oder deren Eltern, wenn ihnen solches Leid widerfährt?

| ANTWORTEN |

Reiner
Als Agnostiker würde ich dem kleinen Mädchen Trost, Liebe und körperliche Nähe schenken und es ermutigen, nach vorne zu blicken, wo der unerhörte Reichtum an schönen Erlebnissen auf uns wartet.

Peter und Cornelia

Einem 6-jährigen Mädchen wird diese Erkenntnis in diesem Alter in den meisten Fällen nicht erklärbar sein, jedoch zu einem späteren Zeitpunkt.

Beno

Es hilft nichts, einem missbrauchten Mädchen von 6 Jahren die Bibelsprüche um die Ohren zu schlagen. Das ist oft noch ein weiterer geistlicher Missbrauch. So eine Geschichte gehört in professionelle Hände. Wenn ich einen Rohrbruch in der Wohnung habe, möchte ich einen guten Sanitär, und dessen Religion ist mir egal. Dies gilt auch für Therapeuten.

Peter A.

Einem sechsjährigen Kind wird eine biblische Aussage sicher gar nicht helfen. Ein Kind braucht in jedem Falle liebevolle Zuwendung. Es braucht Vorbilder und Vertrauenspersonen. Anschließend können Geschichten vom Heiland heilende Wirkung haben.

Ernst

Einem sechsjährigen Mädchen nützen Erklärun-

gen nichts; da braucht es andere, emotionale Zu-
gänge.

Daniel

Übersetzungsfrage: *nach seinem Bilde* hat nichts
mit dem Aussehen zu tun, sondern nach seiner
Vorstellung. Z. B. haben wir die Entscheidungsfreiheit erhalten. Wir können Gutes und Böses
tun. Wir haben Macht – fragt sich nur, wie wir
sie einsetzen. Das können wir schon bei Kindern
feststellen, beim Spielen. Oft erfinden sie böse
Gestalten, die alles kaputt machen.

| FRAGE 3 |

Wenn Vergewaltiger und Folterer nach dem Bilde Gottes erschaffen wurden, was ist/muss denn
das für ein Gott sein? Das Gleiche gilt natürlich
schlechthin für das »Böse«.

| ANTWORTEN |

Reiner

An das Ebenbild Gottes glaube ich nicht. Wir
wissen ja nicht, und werden es niemals wissen,
wie der Liebe Gott beschaffen war. In den Fünf-

zigerjahren, als ich Direktor der »Photopress« war, kursierten von der Katholischen Kirche publizierte Bilder vom »Linnen Jesu«, also dem angeblichen Grabtuch Jesus. Die Kirche bezahlte uns für jede Publikation CHF 1'000.00. Inzwischen ist wissenschaftlich einwandfrei festgestellt worden, dass das Ganze ein Schwindel war.

Wenn wir vom »Bösen« sprechen, müssen wir nochmals in die Verhaltensforschung zurück. Wenn ein hungriger Löwe eine Gazelle frisst, ist das zwar nach unserer Wahrnehmung grauenhaft, aber völlig natürlich. Sofern es einen Gott gibt, liebt er den Löwen und die Gazelle gleichermaßen. Vergewaltigung und Folter sind menschliche Auswüchse, beginnend mit z. B. dem Stierkampf und den »modernen« Spielkonsolen, wo frisch und fröhlich gemordet werden kann. Vergewaltigung wird begünstigt durch den starken Trieb der Arterhaltung.

Peter und Cornelia

Der Vergewaltiger wird das in einem nächsten Leben als Erfahrung erleben dürfen und erkennt dabei die Gefühle, die erlebt werden.

Beno

Der Mensch hat eine individuelle begrenzte Freiheit und auf der kollektiven Ebene hat auch die Menschheit eine begrenzte globale Freiheit, das heißt, wir können mit einem Messer Brot für die Armen abschneiden oder ihnen die Kehle durchschneiden. Auch Satan war einer der obersten Engel vor Gott. Und auch solche Engel haben die Freiheit, sich für oder gegen das Leben zu wenden.

Peter A.

Wir Menschen sind Gott nur gehorsam, wenn es uns passt. Viele rufen Gott nur dann an, wenn sie gerade in der Klemme sind. Tatsache ist, dass oft Menschen in Notsituationen schreien: »Gott, wenn es dich wirklich gibt, dann hilf mir jetzt.« Und Gott greift ein.

Erschreckend und schlimm ist, dass viele Menschen aus ursprünglich christlichen Kreisen sich ganz klar von Gott lossagen. Sie wollen keinen Gott, der ihnen Leitplanken setzt. 2. Mose 20 und Matth. 22,37: *Jesus aber sprach zu ihm: Du sollst den Herrn, deinen Gott, lieben von ganzem Herzen, von ganzer Seele und von ganzem Gemüt* (5. Mose 6,5). 38 Dies ist das höchste und erste Gebot. 39 Das andere aber ist dem gleich: *Du sollst deinen*

Nächsten lieben wie dich selbst.

Menschen, die mit Gott nichts zu tun haben wollen, bleiben dennoch seine Geschöpfe. Ein wenig salopp gesprochen. Gott lässt den Menschen ihren freien Willen, aber er sagt auch, ihr müsst mich nicht verantwortlich machen, wenn es schiefgeht. Und nach meiner Ansicht sind wir heute in dieser Situation. Viele Menschen machen, was sie wollen, und schreien, warum Gott das zulässt. Wir Menschen verstehen Gottes Handeln nicht immer – uns fehlt der Überblick. Wir sind zu kurzsichtig. Dennoch. **Gott kritisieren darf ich nicht.** Ich kann Fragen stellen, aber ich muss auch vertrauen. Gott ist gut – Gott ist heilig – Gott ist gerecht.

Im Leben von Jesus Christus hat sich Gott uns Menschen gezeigt. Die ganzen Opferzeremonien im Alten Testament sollten dem Menschen zeigen, wie schlimm Sünde ist. Jesus Christus ist das einzige und allein gültige Opfer, das uns vor Gott gerecht macht. Dieses Opfer hat Gott selbst für uns dargebracht. Die Macht Satans. Sünde steht gegen die Macht des heiligen Gottes.

Ernst

»Bild Gottes« ist Bildrede und ist nicht gleichbedeutend mit wesensgleich. Für mich bedeutet das eine gewisse Heiligkeit des Lebens. Menschen wohnt eine gewisse Heiligkeit inne. Das hat ethische Konsequenzen für den ehrfurchtsvollen Umgang mit ihnen.

EINLEITUNG

1. Joh. 4,16: *Gott ist die Liebe* ... (und ... er liebt auch Dich ...)

| FRAGE 4 |

Warum geschehen derartige Ungerechtigkeiten? Liebt Gott nicht alle gleich?

| ANTWORTEN |

Reiner
Uns kleinen Menschen fehlen das Wissen und schlüssige Beweise, um diese Fragen beantworten zu können.

Peter und Cornelia
Das ist eine Aussage von Johannes (Gott ist die Liebe). Gott ist in allem enthalten und macht durch alle Erfahrungen von Yin und Yang, Gut und Böse, was alles zur Erkenntnis führt.

Beno

Gott liebt sicher nicht alle gleich. Jeder ist ein Individuum, so wie ich meine Kinder in einer ganz anderen individuellen Liebe liebe. Meine Frau liebe ich anders als dich usw. Ich denke, jeder bekommt das volle Maß an Liebe, aber nicht jeder hat das gleich große Herz. Der eine hat ein Kaffeelöffelchen davon, der andere eine Tasse und ein weiterer eine Badewanne oder ein Schwimmbecken. Ich denke, Gott überfüllt alle.

Peter A.

Johannes 3,14: *Denn also hat Gott die Welt geliebt, dass er seinen eingeborenen Sohn gab, auf dass alle, die an ihn glauben, nicht verloren werden, sondern das ewige Leben haben.* 17: *Denn Gott hat seinen Sohn nicht in die Welt gesandt, dass er die Welt richte, sondern dass die Welt durch ihn gerettet werde.*

Ich stütze mich sehr stark auf das Neue Testament. Denn durch das NT können wir Gott besser verstehen. Und Jesus hat uns gezeigt, wie wir durch ihn das Gesetz Gottes erfüllen. *Ohne den Glauben an Jesus ist es unmöglich, Gott zu gefallen.* (Hebr. 6,11)

Ernst

Ich weiß nicht, ob Gott alle gleich liebt: Wieder die Frage nach dem Warum, auf die es oft keine Antwort gibt, und wenn man meint, eine gefunden zu haben, soll man vorsichtig sein. Unser Hirn/Verstand ist viel zu klein, um Gott erfassen/durchschauen/begreifen zu können.

Hast du deine Frau nach vielen Jahren Ehe vollständig erfasst/durchschaut/begriffen? Ich hoffe nicht. So ist es noch in potenziertem Sinne mit Gott.

Daniel

Diese Gräueltaten vollbringen Menschen und nicht Gott. Auf dieser »Lebensbühne« kann jeder tun und lassen, was er will, sogar Gräueltaten, Ungerechtigkeiten usw. Ich denke, dass sich Gott oft an den Kopf greift, wenn er sehen muss, was wir da unten so anstellen.

Und noch einmal: Gott ist zuständig für unsere Seele – er wird uns trösten und uns geistig gesehen in die Arme nehmen. Natürlich nur, wer will. Nur, wer anklopft.

EINLEITUNG

1. Mose 17,1: *Und Abraham war 99 Jahre alt, da erschien der Herr dem Abraham und sprach zu ihm: Ich bin Gott, der Allmächtige, wandle vor meinem Angesicht und sei vollkommen.*

Carl Friedrich von Weizsäcker (Physiker und Philosoph) wurde gefragt, was er unter dem allmächtigen Gott verstehe (ARD 1.1.2009). Seine Antwort: »Nichts – lesen Sie die Bibel, Altes Testament. Gott spricht andauernd zu den Menschen, was sie zu tun hätten, doch diese machen immer das Gegenteil.«

| FRAGE 5 |

Wenn Gott allmächtig ist, warum greift er bei solchen Verbrechen nicht ein? Warum ließ er den »Engelsturz« zu? Wohlverstanden, wie erklärt man dies einer Christin, die kraft ihres Glaubens und trotz Gebet brutal gesteinigt wird? Was verstehst du unter dem allmächtigen Gott?

Reiner

Wenn es einen Gott gibt, ist er nicht allmächtig.

Peter und Cornelia

Der allmächtige (Gott) ist die universelle Kraft in allen Dingen. Gott gab den Menschen den freien Willen, zu tun und zu lassen als Erfahrung und als Erkenntnis, dass alles zurückkommt und erfahren werden muss usw.

Beno

Jesus am Kreuz zeigt die Allmacht, wie Gott sie versteht. Er nimmt die Realität des Leidens auf sich und bleibt in der Liebe.

Allmacht heißt, die Freiheit in allen Aspekten anzunehmen. Schönheit und Schmerz und in allem in der Liebe zu bleiben. Allmacht heißt, ganz klein und ganz groß zu sein. Aber letztlich bleibt *Allmacht* ein Begriff, der unseren Verstand übersteigt.

Peter A.

Ich glaube an einen souveränen Gott. Wenn ich es wüsste, wäre ich allwissend. Gottes Wort sagt uns, dass er kommt zu richten die Lebendigen und die Toten.

Ernst

Die Allmacht Gottes ist falsch verstanden, wenn sie mit Durchsetzung von Gewalt erklärt wird. Gott ist die Liebe. Gottes Macht besteht in Liebe. Die Liebe ist die einzige Macht, die Menschen von innen heraus verändern kann, indem sie bis in die Herzen vordringt. Keine Gewalt schafft es bis dorthin und bringt annähernd Gleiches zustande. Beispiel: Traumatisierte Menschen können – wenn überhaupt – höchstens mit Liebe wieder Vertrauen ins Leben gewinnen. Kein Medikament, keine Theorie – nur Liebe schafft das.

Immer wieder kommt die Frage, wie kann Gott so etwas zulassen, und wie kann er so »gut« sein. Das ist eine Frage, die in der ganzen Menschheitsgeschichte immer wieder beschäftigt.

Für mich ist es so, dass ich meine, dass die Menschen den inneren Bezug zu Gott verloren haben (und ich meine jetzt nicht ein Wissen um Regeln und Gebote, sondern ein Gespür für den Wert des Lebens und die unendliche Liebe Gottes), dass sie, wie die Sündenfallgeschichte zeigt, sich von Gott unabhängig gemacht haben. Das führt sie in die Orientierungslosigkeit. Sie haben auch den Bezug zum Wert des Lebens, zur Vergänglichkeit u. v. m. verloren. Die Folge ist das, was wir sehen und erleben: Krieg, Grausamkeiten von Menschen gegen Menschen. Kein Tier macht so etwas. Kein Tier bringt ein anderes um, wenn es nicht etwas zum Essen braucht oder allenfalls sein Revier verteidigt. Es ging im Religionsunterricht in der Schule eigentlich darum, diesen inneren Bezug wieder zu finden/herzustellen. Das versuche ich im Gottesdienst und in den Seelsorgegesprächen mit den Menschen immer wieder. Dies ist eigentlich mein Dreh- und Angelpunkt als Pfarrer. Auch darüber könnte man ganze Seminare machen.

Daniel

Wie soll er eingreifen? Er hat uns die Entscheidungs-Freiheit gegeben. Er würde sich widersprechen, wenn er dann plötzlich doch eingreifen würde.

| FRAGE 6 |

Darf ich für mich selbst über meine Lebensdauer
entscheiden (z. B. Exit),
a) wenn ich einfach des Lebens müde bin?
b) wenn ich z. B. hoffnungslos erkrankt bin und
   unter großen Schmerzen leide?

| ANTWORTEN |

Reiner
Ja, auf jeden Fall. Der bekannte Religionswissen-
schaftler Hans Küng hat nicht nur Bücher über
viele Religionen geschrieben. Jetzt, im Alter und
mit beginnendem Parkinson, auch über das Sterben, z. B. »Würdevoll sterben«. Auf den einfachs-
ten Nenner gebracht, sagt er: »Gott hat uns das
Leben geschenkt. Nachher sind wir selbst dafür
verantwortlich und können darüber bestimmen.«
So fantastisch, hilfreich und lebensverlängernd
die moderne Medizin ist, hat sie auch den Nachteil, dass sie Sterbewillige nicht sterben lassen will.

Ich habe viele alte Menschen erlebt, die schon lange sterben wollten und dabei unter unsäglichen Qualen litten, aber »man« ließ sie einfach nicht friedlich gehen.

Peter und Cornelia

Du kannst immer wieder für dich selbst entscheiden, da du einen freien Willen bekommen hast. Dem Lernprozess kann niemand ausweichen, jegliche Versuche werden höchstens aufs nächste Leben verschoben.

Hedi

Wenn wir des Lebens müde sind, sollten wir möglichst versuchen, es auszuhalten. Bei unheilbarer Krankheit sollte jedoch jeder die Möglichkeit haben, in Würde und selbstbestimmt zu sterben.

Wir scheuen uns ja auch nicht davor, dem lieben Gott ständig ins Handwerk zu pfuschen, indem wir durch lebensverlängernde Maßnahmen wie Operationen und Transplantationen das Leben eigenmächtig verlängern.

Beno

Der Mensch ist frei und hat halt auch die Früchte seiner Lebensaussaat selbst zu ernten. Ja, seit ich

Menschen begleitet habe, die mit einer Sterbeorganisation gegangen sind, ist Exit für mich ein möglicher Weg, in Würde zu gehen. Wie unser Spirit auf der anderen Seite weiter geht, ist aber noch eine weitere Frage.

Peter A.

Das ist gewiss eine ernste Frage, aber ich kann sie auch ganz respektlos beantworten. Wenn du ungläubig bist, dann Antwort Ja. Wie aber sollen die Angehörigen damit zurechtkommen? Wenn du aber an Jesus Christus und an den Himmlischen Vater glaubst, dann sicher nicht. Gib der Versuchung keine Chance. Gilt auch für die Antwort b.

Ernst

Wir sind freie Menschen, daher dürfen wir das. Ob es sinnvoll und angezeigt ist, entscheidet sich auf einer anderen Ebene. Nämlich auf der Ebene des Wertes von Leben und der Ehrfurcht vor dem Leben. Grundsatz: Wir geben uns das Leben nicht selbst und meine Meinung ist, dass wir es uns auch nicht selbst wieder nehmen sollen. Obwohl es Momente und Situationen gibt, wo es von der Liebe her geboten ist, diesen Grundsatz außer Kraft zu setzen.

Daniel

Das ist *meine* Entscheidungsfreiheit. Gott greift nicht ein – er sieht zu.

| FRAGE 7 |

Soll Abtreibung aus christlicher Sicht (nicht gesetzlich) zulässig sein, wenn

a) die Voruntersuchung ergeben hat, dass das Kind schwerstbehindert ist?

b) sich die Mutter (vor allem Alleinerziehende) in einer finanziell aussichtslosen und/oder überforderten Situation befindet?

| ANTWORTEN |

Reiner

Meine Meinung: nur wenn mit Gewissheit feststeht, dass das Kind schwerstbehindert ist.

Peter und Cornelia

Jeder Staat macht seine eigenen Gesetze selbst und diese haben nichts mit den Urgesetzen zu tun. Die meisten Menschen halten sich daran. Was in einem Staat erlaubt ist, ist in einem anderen verboten. Im einen werden die Mädchen mit

14 verheiratet, im anderen bestraft. Viele werden in einen Krieg geführt und bringen Menschen um. In der Schweiz darf man seinen Tod selbst wünschen bei unheilbaren Erkrankungen und übergroßen Schmerzen.

Exit: Alles ist eine Erfahrung, die die Menschen freiwillig machen wollen.

Hedi

Zur Frage des Unterbruchs einer Schwangerschaft weise ich auf die Sendung in Sternstunde Philosophie SRF vom 4. März 2017 hin.

Ich bin froh und dankbar, dass ich mich diesbezüglich nie entscheiden musste. Frauen sollen aber in den ersten Wochen diese Möglichkeit haben.

Beno

Zu dieser Frage möchte ich mich nicht äußern. Es würde einfach zu weit führen. Grundsätzlich weiß ich, dass jedes Leben willkommen ist, aber wer gibt die Ressourcen, ein behindertes Kind großzuziehen? Ein behindertes Kind kann, wenn es angenommen ist, das Umfeld zu einer sehr selbstlosen Liebe und Hingabe hin erziehen. Aber nicht jeder will und kann das. Wer grundsätzlich gegen die Abtreibung ist, muss sich auch verpflichten, solche Kinder mitzutragen, und zwar emotionell, finanziell etc.

Peter A.

Diese Antwort ist darum so schwierig, weil das Verständnis unseres sexuellen Lebens so liberal geworden ist. Wer will beim Sex schon an Verantwortung oder gar an Gott denken? Wer bringt unseren Jugendlichen bei, dass Sex mit dem Lebensspender »Gott« zu tun hat?
Gespendetes Leben durch Abtreibung wieder zerstören? Nein.

Ernst

… da müsste die Gesellschaft diese Frauen nicht alleinlassen. Eine Abtreibung kann ein Leben lang zum Nachteil der Frau nachwirken.

Daniel

Auch das ist die Entscheidung der betreffenden Person. Sie hat ebenfalls die Entscheidungs-Freiheit erhalten (Gott-ähnlich). Aus meiner Erfahrung. Die Seele der Mutter verhärtet sich (das Herz versteinert). Was muss dann geschehen, um diese Seele wieder lebendig werden zu lassen? Eine Abtreibung belastet die Frau lebenslänglich (meine Erfahrung), »und sie wissen nicht, was sie tun«.

Ich habe eine Kundin mit einem 50-jährigen behinderten Sohn. Sie würde ihn nie hergeben. Er sei die Sonne in ihrem Leben.

| FRAGE 8 |

Wie erklärst Du einem Menschen, welcher schwerstbehindert zur Welt gekommen ist: Gerechtigkeit, Allmacht, Liebe, nach seinem Bilde?

| ANTWORTEN |

Reiner

Vor allem nicht mit Gott. Es sind Varianten der Natur, sowohl bei Tieren und Menschen. Diese Varianten müssen wir einfach akzeptieren. Bei Menschen natürlich viel häufiger, weil wir die natürliche Selektion weitgehend ausgeschaltet haben. Hierzulande sterben nur 0,7 % der Neugeborenen vor dem 5. Lebensjahr. Im 19. Jahrhundert waren es 25-mal mehr Kinder, die vor dem 5. Geburtstag starben. Im Mittelalter wurde die Hälfte der Kinder keine 14 Jahre alt. Diesen natürlichen Selektionsprozess haben wir eben ausgeschaltet.

Bei Tieren funktioniert das noch. Wir hatten eine Hündin, die drei Junge gebar. Sie kümmerte sich nur um die beiden stärksten, das dritte, wohl etwas schwächere Junge warf sie trotz aller meiner gegenteiligen Bemühungen immer wieder aus dem Nest.

Ich würde dem Schwerstbehinderten Mut und Unterstützung spenden und helfen, trotzdem einen erträglichen Lebensweg zu finden. Es gibt immer wieder erfreuliche Beispiele, dass Eltern ihre schwerstbehinderten Kinder voller Liebe annehmen und sie während der meist kurzen Lebensspanne mit voller Hingabe begleiten.

Peter und Cornelia
Es gibt schwerstbehinderte Menschen, die glücklich scheinen und Liebe ausstrahlen, mehr als alle anderen, sogar sehr gebildete Wissenschaftler wie Stephen Hawking. Man wählt sein Leben, bevor man auf diese Welt kommt, um diese Erfahrungen zu machen.

Hedi
Es ist so, wie es ist. Eine Gerechtigkeit nach unseren Wünschen und Vorstellungen gibt es nicht.

Beno

Ich denke, da kann ich nichts erklären, aber ich kann mit ihm Zeit verbringen und mich liebevoll über das Sein verbinden.

Peter A.

Diese Antwort ist noch schwieriger, weil sie wiederum die Souveränität Gottes in Frage stellt. Gott stellt sich zu diesen Schwachen. Was will Gott uns mit Behinderten zeigen, lehren? Als nicht Betroffener komme ich mir auch recht hilflos vor. Dennoch glaube ich, dass Gott keine Fehler macht.

Ernst

Frage mal Menschen mit solchen Behinderungen. Da stellen sich solche Fragen oft gar nicht.

Daniel

Ich kenne keinen behinderten Menschen, der hadert und diese Frage stellt. Sie sind glücklich und dankbar zu leben.

Nach dem tragischen Flugzeugabsturz vor Jahr-
zehnten in Dürrenäsch wurden viele Kinder zu
Vollwaisen.

Ein inzwischen erwachsener Mann, welcher damals ebenfalls beide Elternteile verlor, wurde in
der Sendung »Sternstunde« gefragt, wie er das
kindliche Drama verkraftet habe.

Seine Antwort: »Ich habe Krebs gekriegt und seit
jenem Tage nie mehr gebetet.«

Ist es für dich nachvollziehbar, dass sich jemand
aus so schlimmen Erfahrungen heraus von »Gott«
abwendet oder seine Existenz (als Wesen) ver-
neint?

| ANTWORTEN |

Reiner

Jede starke psychische Belastung schwächt den
Organismus und kann Krankheiten auslösen. Die
Frage ist für mich als Agnostiker irrelevant, aber
ich kann durchaus verstehen, wenn dieser Mensch
sich von Gott abwendet. Tiefe Trauer brennt sich
tief in die Seele des Trauernden ein und lässt sich
nicht »verarbeiten« oder »überwinden«. Hingegen

muss man lernen, mit dieser Trauer zu leben. Da ist natürlich der Glaube an Gott eine große Stütze, über die der Atheist nicht verfügt. Die Trauer um einen geliebten Menschen sollte niemals verdrängt werden. Sie hilft, dass auch die schönen Erinnerungen nicht verblassen.

Peter und Cornelia
Jede Erfahrung prägt uns, und einige werden sich vom Christentum abkehren, da diese Glaubensrichtung diese wichtigen letzten Fragen nicht beantwortet.

Hedi
Natürlich ist es verständlich, dass man durch schlimme Erlebnisse den Glauben verlieren oder aber auch dazu kommen kann. Wie heißt es doch: Not lehrt beten. Atheisten sind vielleicht eher auf dem Weg zu einem differenzierten Gottesverständnis als manche frommen Bürger. Unglaube löst keinen Krebs aus, wohl eher Wut und Zorn.

Beno
Ja, ein Schock kann viele Krankheiten hervorrufen und auch eine Depression. In einer Depression kann jemand nicht mehr glauben.

Peter A.

Ich habe Verständnis für diese Reaktion. Hat dieser Knabe damals die richtige seelsorgerische Hilfe erhalten? Warum war Gott schuld an diesem Unfall? Der Pilot und die Leute vom Tower haben versucht, mit den angezogenen Bremsen den Nebel zu vertreiben, und damit den Unfall ohne zu wissen vorbereitet.

Ernst

Ja klar. Nur – von Gott kann man sich gar nicht abwenden, weil es m. E. *conditio humana* ist: Grundexistenz. Wir geben uns das Leben nicht selbst, es kommt von irgendwoher (meist *Gott* genannt), da kann man sich nicht abwenden, denn auf Gottes Lebenskraft sind wir jeden Tag angewiesen, und wenn sie uns entzogen wird, dann leben wir nicht mehr.

Daniel

Ja, er sagt es ja selbst: »Ich habe nie mehr gebetet.« Er hat die freie Wahl, zu verzweifeln oder bei »Gott« Trost zu finden.

EINLEITUNG

Joseph Haberkorn von Habersfeld, Buch »Predigten auf alle Sonntage des ganzen Jahres«:
… er wird euch nicht mehr aufbürden, als ihr ertragen könnt.
Als im Bosnienkrieg, um nur eines von unendlich vielen Beispielen zu nennen, moslemische Frauen täglich Opfer von Gruppenvergewaltigungen durch serbische Soldaten wurden, nahmen sich nachher unzählige von ihnen das Leben, so groß war die Scham. Solche Selbstmorde besonders in Kriegszeiten (ehemalige Vietnamveteranen) sind keine Seltenheit, da viele Menschen mit den Gräueltaten, die ihnen zugefügt wurden (oder die sie selbst anderen zufügten), nicht fertig wurden.

Wie kann man diesen Satz vertreten: »Er wird euch nicht mehr aufbürden, als ihr ertragen könnt?«

Reiner

Auch dieser Satz ist für mich irrelevant. Wenn
ein Mensch die Grenze des Ertragen-Könnens
überschreitet, dann verstehe ich diese Selbstmorde. Vielfach stirbt dieser Mensch dann einfach
von selbst, weil z. B. das Herz unter dem Druck
versagt. Früher sagte der Volksmund: »Er starb an
gebrochenem Herzen.«

Peter und Cornelia

Tod wird immer als Unglück angesehen, aber es
ist in den meisten Fällen eine Erlösung in eine
wunderbare jenseitige Ebene und besser, als im
Krieg weiterzuleben.

Viele Medien (für die das Jenseits offen ist) erkennen und sehen, was beim Verlassen des Kör-
pers passiert.

Mein Glück, dass ich so eine Adoptivtochter hatte, die in diese Ebenen sehen durfte. Auch habe
ich mit vielen anderen Medien gearbeitet, die das
Gleiche bestätigt haben. Auch Menschen mit Todeserfahrung, wie mein Freund Stephan Jankovic,
hat dieses erlebt und durfte dieses Wissen weitergeben in seinen Büchern. Bei allen war dies eine

sehr glückliche Erfahrung. Erfahrung ist nicht Glauben, sondern Wissen.

Hedi

… er wird euch nicht mehr aufbürden als ihr ertragen könnt. Das sind nur Worte des Trostes und gehören für mich in die Kategorie Jenseits-Versprechungen.

Beno

Das gilt für Menschen, die gut im Leben in Gott verankert sind. Menschen, die aus welchen Gründen auch immer nicht in Gott (in sich selbst) verankert sind, zerbrechen sehr oft am Leben. Und wenn kollektive Katastrophen sind, Kriege, Hunger, Umweltkatastrophen, zerbrechen auch gesunde gläubige Menschen wie du und ich. Zerbrechen ist eine der schlimmsten Möglichkeiten auf dieser Erde. Wer weiß, was wir noch erdulden werden.

Peter A.

Paulus spricht da zu einer ganz bestimmten Situation im 1. Kor. 10,13. Es geht hier um Versuchungen und nicht um Leiden. Was moslemische Frauen betrifft: Jemand hätte ihnen versichern müssen, dass sie vor Gott ihre Menschenwürde nicht verloren haben. Es gibt durchaus auch die Frage, wie viel können Menschen für Jesus leiden?

Ernst

So einen Satz würde ich nie jemandem sagen, mit dem kann man sich nur selbst konfrontieren, und ich habe ihn schon oft in Seelsorgegesprächen gehört. Menschen können viel tragen und ertragen, aber sie müssen es selbst merken/verstehen/dazu kommen.

Insofern hat er eine Wahrheit, aber man kann natürlich nicht verallgemeinern. Eine solche Verallgemeinerung kommt m. E. aus dem Bedürfnis heraus, ein wasserdichtes Glaubenssystem oder Welterklärungssystem zu konstruieren. Das geht aber nicht.

Daniel

Sicher ist es sehr schlimm, vergewaltigt zu werden. Besonders für moslemische Frauen wegen ihrer religiösen Dogmen. Sie glaubten es nicht zu ertragen, nichts mehr wert zu sein, schmutzig zu sein (nicht zuletzt ihrer religiösen Dogmen wegen). Es gab auch welche, die sich nicht umgebracht haben (Entscheidungsfreiheit).

Wie erklärst du die Situation aus christlicher Sicht, wenn Menschen sterben möchten (schwere Altersgebrechen, unheilbare Krankheiten und Schmerzen) und nicht sterben können, während andere leben wollen und nach unseren Maßstäben zur »Unzeit« aus dem Leben gerissen werden (z. B. junge Mütter)? Wo ist hier die viel zitierte Gnade Gottes?

| ANTWORTEN |

Reiner

Wie schon gesagt: an die Gnade Gottes glaube ich nicht. Die Lebenszeit ist abhängig von der genetischen Ausstattung, von der Gesundheit allgemein, vom Lebenswandel, vom Umfeld und auch vom Zufall. Ich selbst bin natürlich froh, dass ich noch fröhlich leben darf, obwohl mein »Verfalldatum« schon fast fünf Jahre zurückliegt. Heute beträgt die mittlere Lebenserwartung in der Schweiz für Männer 80,3 Jahre und bei Frauen 84,7 Jahre. Diese Statistik ist natürlich gleitend; mit jedem Lebensjahr verlängert sich die gesamte Lebensdauer. Da ich heute rund 84 Jahre alt bin, kann ich noch mit einer weiteren Lebensstrecke von 7,9 Jahren rechnen, dann sterbe ich mit 91,9 Jahren. Meine liebe Frau musste diese Welt mit 78 Jahren verlassen, obwohl sie noch 12,8 Jahre »zugut« gehabt hätte. Das ist einfach so und hat nichts mit der Gnade Gottes zu tun.

Peter und Cornelia

Auch dies sind alles Erfahrungen, die wir selbst gewählt haben. Die heutige Medizin erleichtert es den Menschen dank Medikamenten, die Schmerzen zu mindern.

Hedi

Erkläre es mir gar nicht, es ist, wie es ist.

Beno

Erkläre ich nicht, aber wenn jemand gehen möchte, gibt es das »Altersfasten«. Nichts mehr trinken. Bei denen, die früh gehen wollen, ist es oft sehr schwer, aber jeder muss mit seiner Sterblichkeit einen eigenen Weg finden. Kübler-Ross schrieb ja ein schönes Buch zu den Sterbephasen. Sie selbst hatte aber große Mühe zu sterben. Aber bis jetzt hat es ja jeder geschafft zu sterben.

Peter A.

Ich verstehe Gnade anders. Gottes Gedanken sind anders als unsere Gedanken.

Denn meine Gedanken sind nicht eure Gedanken, und eure Wege sind nicht meine Wege, spricht der Herr.

... sondern so viel der Himmel höher ist als die Erde, so sind auch meine Wege höher als eure Wege und meine Gedanken höher als eure Gedanken.

Ernst

Menschen können immer sterben, wenn sie wirklich wollen. Oft höre ich, dass jemand sterben will, isst aber munter weiter und nimmt brav alle seine Medikamente. Da ist der Sterbenswunsch nur vorgetäuscht, auch vor sich selbst. Das sind meist Menschen, die große Angst haben vor dem Sterben und sich damit nicht auseinandersetzen wollen, sondern einfach grad den Schlusspunkt haben, damit sie diesen Überlegungen ausweichen können.

Ich habe schon erlebt, dass Leute sagen, sie wollen sterben. Dann haben sie keine Medikamente mehr genommen, nichts mehr gegessen und getrunken, sich bewusst von ihren Mitmenschen verabschiedet und sich auf den Weg gemacht. Und sind bald gestorben. Kein Problem.

Daniel

Die »Gnade Gottes« ist anders zu verstehen: Er vergibt dir immer wieder, wenn du den falschen Weg gegangen bist, und gibt dir wieder eine neue Chance. Vielleicht ist es auch Gnade, wenn ich bis ins hohe Alter die Möglichkeit habe, noch eine Einsicht zu erhalten.

| FRAGE 12 |

Einstein sagte: »Das Universum ist unendlich, aber begrenzt.«
Chris Griscom: »Zeit ist eine Illusion.«
Warum können wir uns die räumliche Unendlichkeit und die zeitliche Ewigkeit effektiv nicht vorstellen, obwohl es eigentlich sehr triviale Fragen sind?

| ANTWORTEN |

Reiner

Wir Menschen sind verdammt überheblich. Es gibt noch viele Dinge, die wir nicht verstehen. Oder wir verstehen sie im besten Fall erst allmählich, oder eben gar nie. Ich kann gut damit leben.

Peter und Cornelia

Da wir mit unserem begrenzten Menschenhirn diese Erkenntnisse noch nicht begreifen können, wie groß unser Universum überhaupt ist. Auch meine gute Bekannte Chris Griscom ist der gleichen Meinung und erklärt es in ihren sehr interessanten Büchern, unter anderem »Time Is an Illusion«. Alles ist auf dieser Ebene Illusion. Und alle Materie ist vergänglich, aber die Lebensenergie und deren Bewusstsein bleiben ewig erhalten.

Hedi

… unendlich, aber begrenzt …? Einstein wird mir diesen Widerspruch erklären müssen, falls ich ihn dereinst treffen werde.

Beno

Na ja, wir sind uns gewohnt, in Dualität zu denken, aber es gibt die Theorie von mehreren Dimensionen. Welten, die so anders sind, dass wir nur noch staunen werden. Dies glaube ich, aber im Moment reicht es für das, was wir bewältigen müssen.

Peter A.

Weil wir Menschen begrenzt sind.

Ps 90,4 *Denn tausend Jahre sind vor dir wie der Tag, der gestern vergangen ist, und wie eine Nachtwache.*

2. Petr. 3,8 *Eins aber sei euch nicht verborgen, ihr Lieben, dass ein Tag von dem Herrn wie tausend Jahre ist und tausend Jahre wie ein Tag.*

Ernst

Es sind keine trivialen Fragen: Unser Hirn ist zu klein und unser Verstand zu eng, um solche Dinge abschließend zu verstehen. Es ist eine gute Möglichkeit, sich einzuüben in ein Leben und in eine Welt, wo man nicht alles erklären kann, und es funktioniert trotzdem, d. h. auch ohne die vermeintlich so tolle Intelligenz des Menschen.

Nur schon die Liebe zwischen Menschen: können wir verstehen, warum es Menschen gibt, die wir wirklich und fest lieben? Das wäre der Liebe Tod!

Daniel

Was hilft dieses Wissen meiner Seele? Es ist nicht unsere Lebensaufgabe und unser Lebensziel. Wir müssen viel mehr auf unsere Seelenhygiene achten. Bei Gott geht es nicht hauptsächlich um Wissen, sondern um das Seelenheil.

Wer die regelmäßigen Tiersendungen z. B. aus Afrika genießt, fühlt sich unwohl, wenn eine Tierjagdszene gezeigt wird. Dies haben Umfragen ergeben. Da werden z. B. Zebras von einer Löwengruppe bis zur Erschöpfung gejagt und dann lebendigen Leibes verspeist. Die Opfer werden langsam und vermutlich qualvoll sterben.

Wie ist dies einzuordnen in Bezug auf die Schöpfung?

Es geht auch anders: Es gibt Raubtiere, die töten die Beute mit einem gezielten Biss und befassen sich anschließend mit der Mahlzeit.

| ANTWORTEN |

Reiner

Da könnte man nochmals die Stierkämpfe einbringen. Auch ein herziges Kätzlein spielt so lange brutal mit dem armen Mäuschen, bis es vor Erschöpfung oder an Herzschlag stirbt. Das ist eben so, wie die »Schöpfung« funktioniert.

Allerdings muss ich hier noch einen Vorbehalt anbringen. Ich vermute, dass bei Menschen und Tieren ein Mechanismus eingebaut ist, der selbst das noch so grausame Sterben erträglich macht. Als »unverdorbenes« Kind habe ich unter starkem psychischen Druck oder Schmerzen nicht geweint, sondern gelacht. Der arme Schulabwart, der meinen Allerwertesten mit dem Rohrstock verprügelte, hat sich wohl lange darüber geärgert, dass ich mit jedem Schlag immer mehr und lauter gelacht habe … Das ist vielleicht die Gnade der Natur.

Mit lebhaftem Schmerz erinnere ich mich an den grauenvollen Kurzfilm, der vor etwa neun Monaten von CNN ausgestrahlt wurde. Ein junger amerikanischer Soldat wurde von IS-Kämpfern in einen öffentlich ausgestellten Käfig eingeschlossen, mit Benzin übergossen und lebendigen Leibes verbrannt. Der Soldat stand bolzgerade in vollem Bewusstsein da und ertrug den schmerzlichen Tod mit Würde. Wer hat ihm die Kraft dazu gegeben? Glaube? Vaterlandsliebe? Oder einfach die Einsicht, dass ohnehin nichts mehr zu verändern war?

Peter und Cornelia

Auch hier, alles ist der Veränderlichkeit unterworfen. Einer lebt materiell vom anderen. Alles nur Erfahrung.

Hedi

Ich komme auf die Ameisen zurück, die den Wurm auffressen. Anstelle so sensibel auf das Verhalten wilder Tiere zu reagieren, sollten wir uns eher die Frage stellen, wie wir denn zu unserer Massentierhaltung stehen. Was gibt uns das Recht, Tiere derart zu industrialisieren?

Beno

Na ja, wir sind eine gefallene Schöpfung. Hier gilt halt fressen und gefressen werden. Oder bist du wenigstens Vegetarier?

Peter A.

Tiere als Nahrungskette? Gott hat die Tiere in unsere Nahrungskette eingebaut.

Daniel

In der Ewigkeit (Himmel) werden sich die Tiere nicht mehr jagen. Es geht ja nicht nur um Löwen und Zebras. Auch Plankton wird gefressen von den Walen. Es gehört zum Ernährungszyklus der Tiere: fressen und gefressen werden ... (ist nicht in unserer Verantwortung). Es ist viel schlimmer, was wir den Tieren antun (Schlachthöfe), und dies ist in unserer Verantwortung.

Wenn du in eine Situation gerätst, in der ein Mensch von einem anderen massiv bedrängt bzw. angegriffen wird, dann schreitest du vermutlich im Rahmen deiner Möglichkeiten ein und hilfst. Wenn du aber gottähnlich wärest, müsstest du unverrichteter Dinge zuschauen, denn Gott greift ja auch nicht ein.

Wie stehst du dazu?

| ANTWORTEN |

Reiner
Wir sind nicht »gottähnlich«. Wir wissen ja nicht einmal, wie Gott überhaupt war.

Peter und Cornelia
Da Gott in jedem Menschen und Ding existent ist, greift er durch einen anderen Menschen ein und verändert die Situation.

Hedi
Wenn wir nun denken, dass wir gottähnlich sind und dieser ja auch nicht eingreift, hätten wir doch eine super Ausrede, um keine Hilfe leisten

zu müssen. Das tun wir ja auch mehrheitlich und können mit Ungerechtigkeiten wie Hunger, Gewalt oder sonstigem Elend recht gut leben.

Ob wir in gewissen Situationen zum Helden oder Feigling werden, hängt sicher stark von der persönlichen Betroffenheit und dem entsprechenden Wutempfinden ab. Es gibt unzählige Helden des Alltags, die für andere große Leistungen und Einsatz erbringen, ohne gläubig zu sein.

Beno
Soviel ich weiß, gibt es ein Gesetz, wonach Wesen auf einer höheren Ordnung nicht in die tiefere Ordnung direkt eingreifen. Aber diese Wesen inspirieren Menschen, die offen sind für sie, auf ihrer Ebene gerecht und liebevoll miteinander umzugehen.

Peter A.
Wann greift Gott ein und warum nicht immer? Manchmal greift Gott ein! Warum? Ich weiß es nicht. Apg. 3.4 usw.

Ernst
Gott greift vielleicht durch mich ein! Vielleicht ist das grad in diesem Moment meine Aufgabe.

Es gibt das schöne Wort: Gott hat keine Hände, nur meine.

Daniel

Ich bin nicht Gott. Gottähnlich bezieht sich wie schon erwähnt auf unsere Entscheidungsfreiheit, unseren Willen und unsere Macht. Er kann auch nicht eingreifen – aber ich kann es. Ich bin körperlich anwesend. Warum soll ich also nicht? Helfen hat mit Sozialkompetenz zu tun. Genau das müssen wir wieder lernen.

| FRAGE 15 |

Bei fast jeder Beerdigung hört man den Satz »in die ewige Ruhe«. Woher wissen die Priester, ob nachher tatsächlich die ewige Ruhe herrscht? Gleichzeitig wird vom dereinstigen Gericht gesprochen und in meiner Jugendzeit sogar noch vom Fegefeuer.

Im Buddhismus wird dies mit dem Karma erklärt, was vom Verständnis her durchaus Sinn macht und im Kontext mit dem Glauben an die Wiedergeburt steht. Ein strafender Gott bildet im Buddhismus nicht die Grundlage.

Was sagst du zur »ewigen Ruhe«?

Reiner

Wenn unser Leichnam von den Würmern aufgefressen oder als Asche in der Urne liegt, dann
herrscht für uns »ewige Ruhe«. Die Priester wissen wohl auch nicht viel mehr als wir Durch-
schnittsmenschen, leben aber ganz gut davon: Re-
formierte Pfarrer im Kanton Zürich verdienen im
Durchschnitt CHF 150'000.00 im Jahr. Himmel
und Hölle wie auch das Fegefeuer sind erfunden
worden, um die Gläubigen zu disziplinieren, aber
auch um sie von der Kirche abhängig zu machen.
Dazu dienen auch die zehn Gebote und »Wegweiser« wie »Tue recht und scheue niemand«.
Das Karma ist im Prinzip sinnvoll: es regt die
gläubigen Buddhisten an, auf dieser Erde »an-
gepasst« zu leben. Was nach dem Tod ist, konnte
noch nie wissenschaftlich und schlüssig erklärt
werden. Der Gedanke, dass es nach dem Tod ein
Weiterleben der Seele oder ein Leben in anderer Form gibt, ist für viele tröstlich und hilfreich.
Auch hier gilt meine eigene Erkenntnis: Glaube
ist hilfreich, denn es ist leichter zu glauben, als zu
zweifeln.

Peter und Cornelia

Haha. Die gibt es garantiert nicht. Alles bewegt sich auf die Vollkommenheit hin und immer wieder durch eigene Erfahrungen und Erkenntnisse.

Hedi

Falls wir Menschen nichts weiter als Bausteinchen in der Entwicklung der Evolution sind, ist der Tod wie Schlafen ohne Traum, und das wäre dann ja wohl die ewige Ruhe. Das wäre aus meiner Sicht gar nicht so schlecht, ich weiß aber, dass dies nicht dem christlichen Glauben von der Auferstehung und letztlich auch nicht unserem Gerechtigkeits-Empfinden entspricht.

Ich schlage vor, dass wir es dereinst nehmen, wie es kommt. Ich werde dann auch nicht groß herausmaulen oder mich beklagen.

In der Bibel steht, dass eher ein Kamel durch ein Nadelöhr schlüpft, als dass ein Reicher in den Himmel kommt. Schade, gell? Auch wenn wir es nicht so empfinden, gehören wir halt schon eher zu den Reichen. Aber wie gut, alles ist ja nur symbolisch gemeint.

Ich glaube, dass Seele und Geist unabhängig vom Körper existieren können. In welcher Form auch immer. Reinkarnation ist für mich vorstellbar und befriedigt meinen Sinn für Gerechtigkeit. Ob wir nur einmal leben oder zur Veredelung immer wieder antreten müssen, spielt letztlich keine Rolle. In jedem Falle zählt das Hier und Jetzt.

Beno

Ewige Ruhe. Na ja, ich kann es ihm doch wünschen, dass er Frieden findet außerhalb unseres Raum- und Zeitverständnisses. Wie das dann ist, soviel ich mitbekommen habe, gibt es da ganz schöne verschiedene Möglichkeiten.

Peter A.

Es ist richtig, allzu leicht wird bei Beerdigungen von dieser Ewigen Ruhe gesprochen. Mit dieser Ruhe wollen die Angehörigen dem Verstorbenen ihre Vergebung bekunden. Ruhe in Frieden. Der Pfarrer tröstet die Angehörigen.

Diese Bibelstelle gilt im Besonderen für Israel.

Offenbarung 14,13 *Und ich hörte eine Stimme vom Himmel zu mir sagen: Schreibe: Selig sind die Toten, die in dem Herrn sterben von nun an. Ja, der Geist spricht, dass sie ruhen von ihren Mühen, denn ihre Werke folgen ihnen nach.*

Ernst

Bei reformierten Abdankungen habe ich das selten gehört, und ich verwende diesen Spruch nicht. Was nachher ist, wissen wir nicht, das ist eine Glaubensfrage. Den Himmel stellt man sich halt als Ruheort vor, die Hölle nicht. Auch da: das ist etwas, was wir uns mit dem Hirn nicht vorstellen können, gerne würden, aber wir können auch gut leben, ohne das zu wissen.

Daniel

Das Fegefeuer hat die Kirche erfunden, um die Menschen zu lenken, zu manipulieren und ihnen Angst einzujagen. Wie wir wissen, gibt es Menschen mit einem Todeskampf – sie haben Angst zu gehen. Vor was fürchten sie sich? Warum wohl? Das Gewissen zeigt sich … Viele Menschen berichten, im Sterbeprozess nochmals das ganze Leben zu durchlaufen – für viele bestimmt die Hölle.

| FRAGE 16 |

EINLEITUNG: Bibelfehler

Ich hatte das Glück, im April 1982 einen älteren Gemeindeschreiber kennen zu lernen, welcher sich jahrzehntelang mit alten Originalschriften der Bibel auseinandersetzte (Altes Testament/Vulgata).

Da er (und seine Freunde) über große Kenntnisse auch in den Ursprungssprachen der Alten Schriften verfügten (Hebräisch, Griechisch und Lateinisch), wies er mich auf markante Fehlübersetzungen hin:

Im Vaterunser heißt es: ... *und führe uns nicht in Versuchung, sondern* ... In den Ursprungsschriften laute dies sinnvollerweise übersetzt: ... *und führe uns in der Versuchung* ...

Das macht einen gänzlich anderen Sinn.

Was wäre das für ein Gott, der uns in die Versuchung führen würde? Ein ganz anderer als jener, der uns führt, wenn wir der Versuchung unterliegen.

Am 3. Juli 2017, also nach der Verteilung meiner Fragebogen, überraschte mich die Mittagssendung auf Radio SRF1. Da wurde erklärt, dass die Französisch Sprechenden ein neues Vaterunser erhalten haben, das genau meine Frage 16 betrifft. Da stoße ich mich seit über 30 Jahren daran, wenn ich von der Kanzel jeweils höre, *und führe uns nicht in Versuchung.* Ich war völlig perplex, dass gerade dieser Stolperstein im Französischen geändert wurde. Somit heißt es heute etwa sinngemäß übersetzt: *Lasse mich nicht in die Versuchung kommen.* Ich nehme an, dass auch die deutschsprachige Version nachziehen wird.

Warum wurden solche belegte Falschübersetzungen seit Jahrhunderten nicht korrigiert und immer noch in einer Form gepredigt, die dem Gottesbild widersprechen?

| ANTWORTEN |

Reiner

Gott sei Dank gibt es noch Menschen, die erkennen, dass viele der Übersetzungen und Überlieferungen kaum stimmen können. Sie werden nicht korrigiert, weil 1. man nichts damit verdienen kann, 2. aus Bequemlichkeit, 3. aus fehlendem Mut und 4., weil man die Kirchenoberen und »Salärspender« nicht vergrämen will.
Wir dürfen nicht vergessen, dass vieles nur mündlich überliefert werden konnte. Erst mit der Erfindung des Buchdrucks im 15. Jahrhundert durch Johannes Gutenberg wurden die Informationen vermutlich wahrheitsnäher und genauer, obschon es wohl schon damals zweifellos Manipulationen

wie heute in der PR-geschwängerten Presse gab. Eine einfache Form von Druck gab es in Ostasien aber schon im 8. Jahrhundert.

Peter und Cornelia

Es sollte heißen, *und führe uns in der Versuchung*, wie es natürlich noch viele Übersetzungsfehler in diesem »heiligen« Buch gibt. Jede Religionsrichtung lebt vom Geld ihrer Mitglieder, also wird den Schäfchen ein schlechtes Gewissen eingeredet, damit sie bezahlen, so wie es ja auch die Regierungen machen. Beispiel die CO_2-Lüge usw. Damit sie neue Steuern erfinden können. Ohne CO_2 keine Natur.[3]

Hedi

Die Versuchung ist ja eh da und daher macht es mehr Sinn, wenn man betet: ... *und führe mich in*

---

3 Ergänzung des Verfassers: Genau das Gleiche erlebten wir mit der Vogelgrippe. Zuerst wurde dem Bürger Angst eingejagt und dann die Lösung präsentiert, indem man mit gewaltigen Impfstoffeinkäufen die chemische Industrie bereicherte, mit dem Ergebnis, dass der größte Teil der Millionen teuren Impfstoffe gar nie verwendet wurde. Ich habe damals in einem Leserbrief geschrieben, dass von dieser Vogelgrippe letztlich nur der Vogel übrig bleiben wird, und zwar in den Köpfen der Politiker.

der Versuchung. Diese Formulierungen sind letztlich nur Spitzfindigkeiten. Vielmehr sollte es uns bewusst sein, wie stark die Heilige Schrift durch das Patriarchat geprägt ist.

Im Laufe der Kirchengeschichte wurden Frauen immer als minderwertige Geschöpfe angesehen. »Nur Männer sind direkt von den Göttern geschaffen und haben eine Seele.« Zu diesem Thema gibt es im Internet viel zu lesen ...

Für die Bibel wurde aufgeschrieben, was von Generation zu Generation weitererzählt wurde. An den Konzilen wurden immer wieder Passagen herausgestrichen und neue hinzugefügt. Inzwischen ist über Reinkarnation darin gar nichts mehr zu finden, und kürzlich wurde sogar die Drohung mit dem Fegefeuer abgeschafft.

Hier habe ich dir etwas zum Schmunzeln: Laut Simon Enzler muss der Papst wohl der Chef vom Teufel sein, denn sonst könnte er diesem nicht einfach befehlen, dass das Fegefeuer eingestellt werden muss.

Beno

Da bin ich nicht sicher, ob es eine falsche Übersetzung ist, aber letztlich bleibt die Frage, wie ich mich in der Versuchung verhalte. Ob Gott die

Versuchung zulässt oder mich in ihr führt, er wird meine Freiheit kaum ausschalten.

Peter A.

Jakobus 1,13 *Doch wenn jemand in die Versuchung gerät, »Böses zu tun«, soll er nicht sagen: Es ist Gott, der mich in Versuchung führt! Denn so wenig Gott selbst zu etwas Bösem verführt werden kann, so wenig verführt er seinerseits jemanden dazu.*

1,14 *Nein, wenn jemand in Versuchung gerät, ist es seine eigene Begierde, die ihn reizt und in die Falle lockt.*

Neue Genfer Übersetzung: *Und lass uns nicht in Versuchung geraten, sondern errette uns vor dem Bösen.*

Ernst

Es gibt verschiedene Urtexte der biblischen Texte. Da ist die Frage, welchen man als den ursprünglicheren nimmt. Und nicht immer ist die älteste vorhandene Überlieferung auch die älteste Fassung. In meinem griechischen Urtext steht: *führe uns nicht in Versuchung.*

Das ist häufig eine Glaubensfrage und oft Quelle von Verschwörungstheorien.

Daniel

Übersetzungsfehler gibt es viele. Vor noch nicht allzu langer Zeit war die Bibel nicht in Deutsch erhältlich. Sie wurde von Menschen geschrieben und von Menschen übersetzt. Da gibt es halt Fehler :-)

Vielleicht auch solche, die man bewusst nicht anpassen wollte, um die Menschen besser manipulieren zu können

| FRAGE 17 |

Ins gleiche Kapitel geht der Satz im Vaterunser:
... wie auch wir vergeben unseren Schuldigern ...

Ist dies nicht eine Anmaßung, wenn wir uns zutrauen sollten, jemandem zu vergeben? Könnte es nicht sein, dass jeder für seine Taten eine Verantwortung trägt, deren er sich trotz meiner »Vergebung« dereinst stellen muss?

Kann ein kath. Pfarrer erklären: »Deine gebeichteten Sünden sind dir vergeben«?

| ANTWORTEN |

Reiner

Wir selbst können sehr wohl einem Menschen

vergeben, der uns Unrecht getan hat. Ein Pfarrer oder andere Drittpersonen können das überhaupt nicht. Das ist eine ungeheuerliche Anmaßung, die wiederum die Gläubigen von der Kirche abhängig macht.

Peter und Cornelia

Natürlich ist es notwendig, dass du jemandem seine Taten vergeben kannst, sonst wirst du von deinem Hass und Leid krank.

Hedi

Beim Vergeben geht es mehr um den eigenen inneren Frieden. Indem man anderen verzeiht, ist man vielleicht gar nicht so großherzig, wie man glaubt. Erfüllt von Hass und Zorn, schadet man sich ja vor allem selbst. Wenn die Priester in der Beichte einem armen Sünder Erleichterung verschaffen können, ist das doch o. k. Man muss nicht alles so ernst nehmen!

Beno

Na ja, da gibt es viele Möglichkeiten. Aber wie schön ist es, dass Jesus Vergebung ganz konkret an uns trägt. Wenn ich jemandem Geld geliehen habe, kann ich es ihm auch schenken. Nur so bleibe ich frei, sonst bin ich gefangen von meinen Rückforderungsansprüchen. Das Thema Vergebung ist ein Riesenthema. Was der andere mit der Schuld, die er sich aufgeladen hat, macht, ist seine Sache. Aber durch das Vergeben kann ich Liebe leben und werde frei. Materiell und geistig.

Peter A.

Weil Jesus uns vergibt, sollen auch wir vergeben (Gleichnis vom verlorenen Sohn).

1. Johannes 1,9 *Doch wenn wir unsere Sünden bekennen, erweist Gott sich als treu und gerecht: Er vergibt uns unsere Sünden und reinigt uns von allem Unrecht, das wir begangen haben.*

Wenn Gott uns durch Jesus Christus vergibt, so sollten wir unserem Mitmenschen auch vergeben.

Ernst

Den Leuten zu vergeben, die einem schweres Unrecht getan haben, ist eines der schwierigsten Dinge im Leben. Da schleppen Menschen jahre- und jahrzehntelang Dinge mit sich herum, weil sie nicht vergeben können. Es lebt sich einfacher, wenn man vergeben kann. Und uns sind von Gott gemäß dieser Stelle die Schulden vergeben, also sollen wir unseren Nächsten auch vergeben. Weitergeben, was man bekommen hat. Das macht die Welt zu einer liebenden und liebenswerten Welt. Ob ein katholischer Pfarrer die Sünden vergeben kann? Da musst du einen kath. Pfarrer fragen. Als ref. Pfarrer sag ich, ich glaube das, und die empfangene Vergebung ist eine Glaubensfrage. Wenn ich es glaube, ja, wenn ich daran zweifle, nein.

Daniel

Machtanspruch der Kirche. Kein Pfarrer kann mir meine Sünden (Verfehlungen) vergeben. Kann ich mir vergeben? Das ist sehr schwierig. Oft hört man von Menschen, dass sie vor Gericht gehen, um zu hören, warum ihr Peiniger ES getan hat. Viele erklären, dass sie die Tat verstehen möchten. Dies würde ihnen helfen, vergeben zu können. Trotzdem trägt der Peiniger die Verantwortung.

| FRAGE 18 |

EINLEITUNG

Dogmen: Im Christentum gibt es zahlreiche Dogmen, die biblisch nicht fundiert sind. Ein klassisches Beispiel ist die folgende Geschichte. Papst Johannes XXIII. war der Erste nach Pius

XII., der den Vatikan verließ und einen Besuch im Gefängnis in Rom unternahm. Als dann Paul VI. gewählt wurde, sagte sich dieser: »Wenn mein Vorgänger schon den Vatikan kurz verlassen konnte, möchte ich das auch einmal tun.« Er erfüllte sich einen tief gehegten Wunsch: einmal ins Heilige Land zu gehen. Als die Maschine in Israel landete und Paul VI. den »heiligen Boden« betrat, erlebten die Menschen einen wunderschönen Akt der Dankbarkeit. Der Papst kniete nieder und küsste den Boden. Eine menschlich absolut nachvollziehbare und emotionale Geste für einen Mann, der ein unbeschreibliches Geschenk erhalten durfte. Was ist daraus geworden? Alle nachfolgenden Päpste sind nun in ein Ritual verfallen, und zwar ohne jegliches Empfinden, wie es Paul VI. erlebte. Ob dies nun eine ölige Piste in Guatemala oder ein hochgehobenes Blumenkistchen mit Erde (wegen körperlicher Unfähigkeit, sich zu bücken) in Südamerika ist: es muss zwangshaft geküsst werden, völlig gedankenlos und ohne inneren Bezug zur ursprünglichen Geste. Wehe, ein Papst würde den Boden nicht küssen! Die katholischen Gläubigen würden die Welt nicht mehr verstehen. Es ist nicht das einzige »gedankenlose« Dogma.

Was hältst du von solchen Dogmen und Ritualen?

| ANTWORTEN |

Reiner
Gar nichts.

Peter und Cornelia
Die Päpste gehen als die Pistenküsser in die Geschichte ein. Es ist jedoch verständlich, dass Paul VI. in seinem geliebten Land eine Emotion erlebte und dadurch seine Freude zeigte und halt die Erde küsste. Das andere ist ein Witz. Dogmen und Rituale dienen der Kirche, ihre Schäfchen zu beeindrucken. In den meisten Religionen wird eine Dreiheit angenommen: grobstofflich, Seele (die Summe aller unserer Erfahrungen) und Geist (göttliche Urenergie in und durch alles Lebende).

Hedi
Rituale können etwas sehr Schönes und Verbindendes sein, sie sind wichtig für Gemeinschafts- und Zugehörigkeitsgefühle. Es ist immer eine Frage der Geisteshaltung, die hinter etwas steht. Beim Ausdruck *Dogmen* denke ich schon eher an verhärtete Glaubenssätze und Fanatismus.

Beno

Soviel ich weiß, sind die Dogmen Leitplanken, die dem gläubigen Katholiken sagen, das gehört bis hierher zu unserer Kultur, das nicht mehr. Rituale, wenn sie von innen verstanden werden, tun gut. Die Mutter Erde zu küssen ist doch ein sehr liebevoller Akt. Sie trägt und ernährt uns auch, wenn wir sie ausnutzen.

Es würde viele Menschen verändern, wenn sie sich mal auf den Boden legen und die Mutter Erde liebevoll berühren würden.

Peter A.

Ich fand den Akt in Israel als gute religiöse Geste. Wenn nun daraus eine Gewohnheit geworden ist, finde ich das nicht sinnlos, denn heiliges Land ist überall da, wo wir Gott ehren. Angebracht wäre: Ganz konkret ein Dankgebet zu sprechen. Befremdlich finde ich das Küssen von Reliquien und Heiligen-Figuren. Vielleicht sind Rituale und Dogmen für den betreffenden Menschen wichtig – nicht so für mich.

Ernst

Wenn sie den Menschen dienen, warum nicht. Meist stehen sie nicht in den Diensten der Menschen, sondern der Machterhaltung einer Institution.

Daniel

Ja, die Religion und ihre Dogmen. Es gibt keine Religion ohne Dogmen. Wer hat's erfunden? Der Mensch.

| FRAGE 19 |

In unserem christlichen Glaubensgut wird der »Heilige Geist« oft erwähnt. Meine bisherigen Fragen an Priester, was darunter zu verstehen sei, brachte mir keine befriedigende Antwort. In anderen Schriften (Bibelschrift von Johannes Greber) wird von der heiligen Geisterwelt gesprochen, was für die Wesen nach dem irdischen Tod verwendet wird (eine Art Zwischenstufe). Ob das stimmt bleibt offen. Auf jeden Fall lässt sich diese Erklärung nachvollziehen. Martin Däumling sagte in einem Vortrag: »Das Christentum tut sich unheimlich schwer mit den Begriffen Seele und Geist.«

Was verstehst du unter dem »Heiligen Geist«? Was unter der Seele?

Reiner

Heiliger Geist: da verstehe ich gar nichts. Seele, verbunden mit Geist, ist wahrscheinlich unser ur-eigenes »Ich«. Das macht uns zum eigentlichen Menschen. Aber auch andere Säugetiere haben eine, vielleicht einfachere, Seele. Die Seele wird in allen Kulturen erwähnt. Ein mystischer Gedanke, der uns beim Sterben entflieht. Wohin?

Peter und Cornelia

In der Erfahrung von vielen Medien, die in diese Ebenen sehen können, und in der Erfahrung Tausender von Menschen ist klar erkennbar, dass viele Ebenen existieren. Viele Menschen erinnern sich an frühere Leben (auch ich), und ich durfte sogar Menschen in diesem Leben treffen, mit denen ich in früheren Inkarnationen und Kulturen leben durfte. Diese Erfahrung war wundervoll. Also die Seele ist wie schon gesagt die Summe aller unserer Erfahrungen. Der Heilige Geist ist die Urenergie, ein elektromagnetisches Feld, das in jedem Teil der Schöpfung bewusst existiert.

Hedi

Seele – Geist, schwierig, schwierig. Sicher ist, dass man unter Geist etwas anderes als den Intellekt versteht. Vielleicht ist der Geist wirklich der göttliche Funke in uns. Demzufolge wird er uns auch nie verlassen, und es bleibt nur der Körper zurück. Auch in anderen Religionen spricht man vom heiligen Geist.

Beno

Die Seele ist mehr unser geistiger Leib mit den Lebenserfahrungen, eben unser Sein. Der Heilige Geist ist die Liebe Gottes. Da müsste ich ein Buch schreiben. Aber du kannst den Heiligen Geist einladen in dein Leben und du wirst staunen, was geschieht. Versuche es.

Peter A.

Der Heilige Geist: »Die Ausgießung des Heiligen Geistes«.

Lk 3,15 *Doch Johannes erklärte vor allen: »Ich taufe euch mit Wasser. Aber es kommt einer, der stärker ist als ich; ich bin es nicht einmal wert, ihm die Riemen seiner Sandalen zu lösen. Er wird Euch mit dem Heiligen Geist und mit Feuer taufen.«*

Lk 3.22 *Und der Heilige Geist kam in sichtbarer Ge-*

stalt wie eine Taube auf ihn herab.
Lk 4,1 *Erfüllt mit dem Heiligen Geist verließ Jesus
die Jordan-Gegend. Vierzig Tage war er vom Geist
geführt in der Wüste.*

Ernst
Der Heilige Geist ist die dritte »Person« der Dreieinigkeit: Gottvater – Gottsohn Christus – Gott
der Heilige Geist. Gott offenbart sich im Christentum in drei Wesenheiten.

Daniel
Geist: es ist der Lebensodem, die Energie, welche
unseren Körper am Leben hält. Ist er weg, sind
wir körperlich tot. Der Geist ist auch ein Gefäß
mit allen unseren erzieherischen, schulischen und
religiösen Erfahrungen. Es sind unsere Werte.
Christen, Juden, Buddhisten und Moslems haben
alle andere Werte.
Seele: es ist das Gefäß unserer Gefühle – unseres Gewissens. Alles, was uns Freude oder traurig
gemacht hat, wird dort gespeichert. Ebenso Wut
und Angst. Beides ist unsterblich. Ganz einfach
– oder?

Die Weltgesundheitsorganisation (WHO) hat erklärt, dass während des ganzen 20. Jahrhunderts
bis heute über 60 % der Menschen auf diesem
Planeten ein unwürdiges Dasein fristen (Armut,
Hunger, Krankheit, Kriege, Unterdrückung, Gewalt etc.). Viele sagen im Angesicht solcher Ge-
schehnisse, dass es unverantwortlich sei, Menschen in eine solche Welt zu setzen.
Wie stellst du dich zu dieser Aussage des Kinder-
kriegens? Werden solche Entscheide intellektuell, intuitiv oder instinktiv gefällt?

| ANTWORTEN |

Reiner
Der Geschlechtstrieb dient vor allem der Arterhaltung. In unserer wirtschaftlich geprägten Welt
kann es sein, dass ausnahmsweise der Entscheid,
Kinder zu haben oder nicht, intellektuell oder
eben wirtschaftlich gefällt wird. Aber im Allge-
meinen ist das Zeugen von Nachkommen ein in-
stinktiver und lustvoller Entscheid.

Peter und Cornelia

Die Seelen, die auf diese Welt kommen, verkörpern sich immer in der Region, wo sie ihre Erfahrungen machen wollen. Als Seele drängst du immer wieder auf diesen Planeten, um einen neuen Lernprozess zu machen, so wie du ihn wählst. Kinder sind die Zukunft dieses Planeten. Ohne Kinder können sich die Seelen nicht mehr verkörpern und ihre Lernprozesse machen. Also müssen sie sich einen anderen Planeten suchen, um Erfahrungen zu machen.

Hedi

Her mit den Kindern, die Zeiten waren immer schwierig.

Beno

Ein Kind ist immer eine Chance, dass die Welt sich zum Besseren verändert. Wir haben Einfluss bei der Erziehung, aber letztlich sind es unsere Kinder, die die Zukunft gestalten. Keine Kinder, keine Zukunft – keine Zukunft, keine Hoffnung. Deshalb haben wir auch in Afrika einen großen Kindertisch, um ihnen Zukunft zu ermöglichen. Es liegt an uns, das Gute zu tun.

Peter A.

Auch diese Frage ist berechtigt. Vielleicht stellten meine Eltern diese Frage auch, als ich 1935 geboren wurde (und meine späteren Geschwister). Dennoch ist es vielen Menschen auf der Erde noch nie so gut gegangen wie heute. Wir leben doch in einem überschwänglichen Wohlstand. Und warum geht es anderen so schlecht? Weil sie ausgebeutet werden; wegen der Habgier und der Ungerechtigkeit der anderen.

Ernst

Das kann ich nicht beurteilen, meine aber, dass es in den meisten Fällen keine bewusste Entscheidung ist, und das ist wohl auch gut so.

Daniel

Es sind alles Entscheidungen von uns Menschen. Entscheidungsfreiheit.

| FRAGE 21 |

EINLEITUNG

Dahlke/Dethlefsen (Mediziner/Psychoanalytiker und Autoren) erklären das religiöse Dilemma damit, dass »Gott« in die Polarität gezogen wurde und nicht dort belassen wurde, wo »er« hingehört: in die Einheit. Die Einheit könne man sich nicht vorstellen, da es die Polarität zur Polarität bedeute und für uns unzugänglich sei. Wir seien in der Polarität gefangen. Sie vergleichen es mit der Situation, wenn wir träumen: Im Traum selbst halten wir das Geschehen für die Wirklichkeit. Erst wenn wir erwachen, begreifen wir die Illusion. (Maya Illusiona).

Was denkst du über den Begriff »Gott« als Wesen?

| ANTWORTEN |

Reiner
Wenn es einen Gott gäbe, wäre er eher ein körperloses Wesen.

Peter und Cornelia
Gott ist in Allem enthalten und lebt in jeder Situation diese Träume. Liebe ist die höchstschwingende Energie.

Hedi

Gott ist kein Wesen – Gott ist ein Zustand.

Beno

Na ja, wenige können sich aus dem dualen Gefängnis in Raum und Zeit lösen, aber es ist unsere Realität und keine Illusion, wenn es auch nicht die letzte Wirklichkeit ist. Aber es ist ein Bewusstseinswandel im Gange, und Menschen können drei-, vier- oder fünfdimensional denken, fühlen usw. Ich habe damit begonnen.

Peter A.

Gott ist Geist. Jenseits dessen, was wir uns vorstellen können.

Joh. 4,24 *Gott ist Geist, und die ihn anbeten, die müssen ihn im Geist und in der Wahrheit anbeten.*

Ernst

Absolut sicher mehr Wesen als Person mit Haaren, Bart und stechenden Augen. Wieder: der Mensch kann sich Gott nicht vorstellen, und er soll es auch nicht. Da macht das Bilderverbot der 10 Gebote durchaus Sinn. Alles, was man sich vorstellen kann oder dargestellt wird, kann auch missbraucht werden.

Daniel

Gott ist eine Energie (z. B. wie die Sonne) und wir sind die Sonnenstrahlen. Wir leben auf der Erde die Polarität (z. B. gut und böse) – das ist richtig. Entscheidungsfreiheit … Gott müssen und sollen wir uns nicht vorstellen. Das ist sogar eines der 10 Gebote. Es ist ja auch nicht unsere Aufgabe. Es geht um das Lernen der Sozialkompetenz.

| FRAGE 22 |

Kürzlich im Zoo: Eine Gruppe schwerstbehinderter Jugendlicher besucht mit ein paar Leiterinnen den Zoo Zürich. Im Restaurant wird eine Erfrischung eingenommen. Ein Jugendlicher fällt mir besonders auf. Er sitzt im Rollstuhl, verrenkt unaufhörlich seine Arme, bewegt seinen Kopf unkoordiniert in alle Richtungen und gibt ununterbrochen Laute von sich. Der Anblick ist nur schwer zu ertragen – ein reines Vegetieren, und ich frage mich, was ist der Sinn hinter einem solchen Geschöpf.

Unsere weltlichen Gesetze verbieten eine aktive Sterbehilfe in einem solchen Falle.
Wie beurteilst du die Ansicht der Eltern, die ih-

ren Sohn von diesem unheilvollen Dasein erlösen
möchten?

| ANTWORTEN |

Reiner
Ich würde es begreifen, aber wunderbarerweise
gibt es nicht wenige Eltern, die diesen Kindern
höchste Liebe schenken, bis deren meist relativ
kurze Lebenszeit abgelaufen ist. Dass wir diese
armen Geschöpfe am Leben erhalten, unterscheidet uns ganz deutlich vom Tier, das nicht voll lebensfähige Nachkommen einfach tötet.

Peter und Cornelia
Er hat sich dieses Leben ausgewählt, um seinen
Eltern oder seiner Umgebung einen liebevollen
Lernprozess der Toleranz und Nächstenliebe zu
lernen. Was möchte der Sohn??? Sein Wille ge-
schehe.

Hedi
Alle Menschen auf der Erde haben ein Recht auf
Leben. Euthanasie erinnert schwer ans Dritte
Reich.

Beno

Das ist eine Frage, ob ich bereit bin, meinen Anteil an selbstloser Liebe zu leisten, auch für Behinderte. Wo lote ich nicht die Grenzen der Medizin aus und lasse Menschen auch sterben. Schwere Frage. Ich weiß es nicht. Aber die Stärke unseres Volkes misst sich am Wohl der Schwachen (Schweizer Präambel).

Peter A.

Vermutlich hat dieses (cerebral gelähmte) Kind mit seinen wilden Gesten zum Ausdruck gebracht, dass ihm der Zoo Freude gemacht hat. Gerade behinderte Kinder lösen in unserer materialistischen Gesellschaft sehr viel Liebe und Fürsorge aus.

Ernst

Wie vorn: Frage Behinderte. Die geben dir bestimmt eine andere Antwort. Das Problem sind die Gesunden, die einen solchen Anblick nicht ertragen. Das ist dann nicht mehr weit, was man im Dritten Reich mit solchen Menschen gemacht hat.

Daniel

Das ist ja schließlich eine Gewissensfrage der Eltern. Da mische ich mich nicht ein. Vielleicht bedeutet es das Glück eines Menschen, dessen Seele, Herz dabei aufgeht.

| FRAGE 23 |

Der freie Wille des Menschen nimmt im Christentum einen wesentlichen Platz ein, wird aber unterschiedlich ausgelegt (z. B. Röm. 9,20–23). Martin Luther erklärt in seiner Schrift »De servo arbitrio« die Unfreiheit des menschlichen Willens. Heute wird aber die von Gott erhaltene Willensfreiheit hervorgehoben. Ein 4-jähriges Mädchen, das qualvoll beschnitten wird, oder ein brutal in Geiselhaft genommener Mensch verfügt aber kaum über den freien Willen.

Wie interpretierst du den freien Willen?

| ANTWORTEN |

Reiner
Den freien Willen, den wir glücklicherweise haben, können wir nur ausspielen, wenn es die Umstände zulassen.
Mit dem Begriff »Wille« habe ich aber Mühe,

denn er ist ziemlich selbstüberheblich. Ich glaube eher an die Kraft des Vorstellungsvermögens. Ein Läufer, der unbedingt und mit starkem Willen die 100 Meter unter 9 Sekunden zurücklegen will, verkrampft sich nur und schafft es wahrscheinlich nicht. Wenn er sich aber bildlich vorstellt, dass er dieses Ziel locker erreichen wird, wird er es viel eher schaffen.

Ich selbst konnte mir das Rauchen nur mit dem Vorstellungsvermögen abgewöhnen.

Hedi

Durch unser bisschen Bewusstsein haben wir tatsächlich so etwas wie einen freien Willen. Wie stark wir in unseren Entscheidungen jedoch beeinflusst werden von unseren Ängsten, Trieben, Egoismen und Konventionen, sei dahingestellt. Trotzdem, wir können uns immer so oder so entscheiden, tun dies auch jeden Tag, müssen die Konsequenzen tragen, zumindest als erwachsene und verantwortungsbewusste Menschen.

Beno

Freier Wille im Ganzen geht nicht, und es ist auch nicht eine Sache des Verstandes. Wir haben nur in kleinen Grenzen eine kleine Entscheidungsfreiheit, aber die können wir aus Liebe oder aus falschem Egoismus heraus nutzen. Das Resultat vieler solcher Entscheidungen formt immer mehr unsere Wirklichkeit.

Peter A.

Für mich bedeutet der freie Wille, dass mir immer eine Wahl-Freiheit bleibt. Ich habe keine Wahl, ob ich krank werde. Aber ich habe die Möglichkeit zu bestimmen, ob ich mich durch diese Krankheit unterkriegen lasse oder ob ich positiv darauf reagiere.

Ernst

Luther hat das gut erklärt. Wir sind frei, aber halt in einer Welt und in einer Gestalt gebunden. Das heißt z. B.: ich kann nicht ein Meisterpianist werden, wenn ich es noch so gerne möchte, weil meine Fähigkeiten beschränkt sind. Aber ich bin innerlich frei und muss mich von niemandem gängeln und mir nichts vorschreiben lassen. Ich bin in allem, was ich tue, allein Gott verpflichtet. Ich bin frei, das Gute zu tun, und frei, das Böse zu tun, aber in allem habe ich Verantwortung und muss damit rechnen, für mein Tun und Nichttun zur Rechenschaft gezogen zu werden. Also nicht frei im Sinne von: Ich kann alles machen oder nichts machen, und der Rest geht mich nichts an.

Daniel

Die Macht eines Erwachsenen über ein kleines Mädchen. Der Erwachsene lebt seine Dogmen. Er wird die Macht auch älteren Menschen gegenüber ausleben. Der Stärkere, der Größere spielt leider gerne die Macht aus. Das war ja in der Schule nicht anders.

SCHLUSSBEMERKUNGEN DER ANTWORTGEBER

Ich glaube, dass jeder Mensch seinem eigenen Weltbild nachlebt. Gerade in dieser ungeheuren Vielfalt der Wahrnehmungen und Meinungen liegt die Kraft des denkenden Menschen und der ganzen Menschheit.

Bei der Verarbeitung wünsche ich Dir viel Glück und, nicht zuletzt, Durchhaltevermögen.

Herzliche Grüße, *Reiner*

*

Da ich in meinem Leben eine hellsehende Adoptivtochter geschenkt bekam und dadurch viele Erfahrungen direkt erleben durfte, haben diese Erlebnisse nichts mit Glauben zu tun, sondern sind Wissen. Auch arbeitete ich mit diversen seriösen Medien zusammen, dadurch gehen meine Erfahrungen über die Aussagen der christlichen Kirche hinaus.

Auch durfte ich sehr viele Menschen in frühere Leben durch katathymes Bilderleben begleiten, und sie durften dadurch erkennen, dass unser heutiges Leben nur ein vorübergehender Aufenthalt auf diesem Planeten ist. Auch mein Freund Stephan Jankovic mit seiner klaren Todeserfahrung und Elisabeth Kübler-Ross, die mit vielen sterbenden Kindern und Erwachsenen gearbeitet hatte, kommen zu ähnlichen Schlüssen. Auch SAT 1 hatte eine Sendereihe, die alle diese Erfahrungen nachgeprüft und als richtig befunden hatte. Die Wahrheit und die Erfahrung vieler Menschen wären da, aber wer es nicht hören oder wissen will, ist selbst Schöpfer seiner Erkenntnisse. Das Wissen wäre da, aber viele Religionsrichtungen möchten diese Wahrheit nicht zulassen, weil die Menschen frei würden durch diese Erkenntnisse. Nur durch Angst wird die Welt regiert.

Peter und Cornelia

*

Auf dein Resümee bin ich sehr gespannt. Du hast sicher sehr unterschiedliche Antworten erhalten und weißt nun eine ganze Menge mehr über die Denkweise deiner Freunde.

Hedi

*

Und wenn du alle Fragen geklärt hast, merkst du, es spielt nicht mal so eine Rolle. Das Einzige, was bleibt, ist die Liebe, die wir verschenkt haben. Sei es durch Emotionen, Zeit, Spenden usw.

Es waren spannende Fragen und ich habe sie auf die Schnelle beantwortet, da ich noch ganz viele andere Aufgaben habe.

Alles Liebe, *Beno*

*

DANKE FÜR DIE BEANTWORTUNG MEINER FRAGEN

Allen Freunden, die mir die Fragebogen mit Antworten aus ihrer Sicht zurückgesandt haben, spreche ich an dieser Stelle meinen großen Dank aus. Ich war völlig perplex, mit welchem Engagement und in welcher Tiefe ausnahmslos jede(r) sich mit all den verschiedenen Themen auseinandergesetzt hat. Für die investierte Zeit ziehe ich den Hut. Zwei weitere Freunde erklärten sich bereit, sich diese Fragen anzuschauen. In persönlichen Gesprächen sagten sie mir nachher jedoch, dass sie außerstande seien, sich hier schriftlich festzulegen. Sie hätten es vorgezogen, in Gesprächen unter vier Augen näher auf diese Fragen einzugehen. Gerade dies war jedoch nicht meine Absicht. Ich wollte bewusst keine »Talkshow«, da dann nie in diese Tiefe hätte eingedrungen werden können. Meine Absicht war, dass sich alle allein auf diese Ebene begeben und versuchen, ihr Weltbild schriftlich festzuhalten.

Erst im Nachhinein habe ich begriffen, dass dies, wenn nicht eine Zumutung, so doch ein starkes Eindringen in die eigene Persönlichkeit bedeutete. Für mich ist es absolut bewundernswert, wie sich jede(r) in die sicherlich intimen Bereiche blicken ließ. Zwei weitere Bekannte wichen nach anfänglich motiviertem Start etwas aus und meinten, dass sie nicht sicher seien, ob sie diese »Aufgabe« lösen könnten. Dies war eine indirekte Absage, für die ich aber absolutes Verständnis aufbringen kann. Von drei anderen habe ich keine Rückmeldung erhalten, wofür ich aber ebenfalls uneingeschränktes Verständnis habe. Ich bin stets noch mit allen in einer langjährigen Freundschaft verbunden.

Ich wiederhole meinen Dank nochmals, da ich erst im Nachhinein erfasste, was ich da, um mit

Reiners Worten zu sprechen, für eine Lawine losgetreten hatte.

ERGÄNZENDE INPUTS

Nachdem ich meine »Forschungsarbeit« mit großer Zufriedenheit abschließen konnte, ist es ein Akt der Fairness, dass ich auch mein eigenes momentanes Weltbild festhalte. Ich konnte bei meinen Fragen nur Subjektivität erwarten, sonst hätte ich sie ja nicht gestellt. Dies schließt aber nicht aus, dass ich verschiedene Formen als zutreffend einstufen kann. Aber eben, es sollen nur Annahmen bleiben, da das Wissen zumeist fehlt.

Nachstehend verweise ich auf zahlreiche Vorträge, die ich in meinem Archiv auf Tonträger oder DVDs abgelegt habe, und die mich zum Teil sehr tief beeindruckt haben. Vieles Dargelegte erscheint mir als möglich oder auch als unmöglich. Von den erwähnten Vorträgen habe ich einige persönlich besucht.

Die vielen Inputs, die ich in dieser Zeit erhalten durfte, haben die Sache nicht vereinfacht, lassen aber für mich noch mehr Betrachtungsmöglichkeiten offen, als ich bis anhin gespeichert hatte. Das wirkt auf mich jedoch beruhigend, keinesfalls verunsichernd.

Es ist interessant, wie viele bekannte Größen regelmäßig auf die Polarität hinweisen. Däumling: ein Oben bedarf eines Unten; Dethlefsen: Wir leben in der Polarität. Einatmen verlangt zwingend ein Ausatmen, Tag/Nacht, Plus/Minus, Mann/Frau, Licht/Finsternis, Gut/Böse, Leben/Sterben, Schlafen/Wachsein; Annelie Keil: Das Leben ist bedrohlich und schön; Kahn: Ich bin gut und böse, Geburt/Tod, Freude/Leid; Anselm Grün: Jede gute Seele hat Höhen und Abgründe; Rilke: Das Leid und die Freude bilden ein Ganzes, Stimme/Schweigen; von Weizsäcker: Keine Hoffnung ohne Entsetzen.

Für mich macht das Sinn. Zudem hat mich Dahlkes Hinweis sehr beeindruckt: Gelegenheit macht Diebe. Wenn ich mich mit solchen Themen befasse, bin ich mir bewusst, dass ich das nur tun kann, weil ich in einem Land lebe, welches mir einen gesicherten Rahmen bietet. Ich erleide keinen Hunger, keine Folter, habe eine gemütliche Schlafstätte und erfahre keinen Krieg in meinem näheren Umfeld. Ein Mensch, der gefoltert wird oder verhungert oder keine Bleibe hat, der hadert vielleicht mit seiner Situation, wird aber kaum über solche Fragen philosophieren. Vielleicht wäre ich in dieser Situation verzweifelt und würde hadern. Ich habe das erstmals ganz bewusst erlebt, als ich dieses Jahr in London an einem dreitägigen Event teilnehmen durfte. Dabei waren etwa 120 Menschen aus dem deutschsprachigen Raum. Alle hatten ein Hotelzimmer mit dem üblichen Komfort. Es gab täglich drei Mahlzeiten im Überfluss. Auch der übliche Rahmen war perfekt organisiert. Zweimal hörte ich die Bemerkung an den Tischen: »Es sind alles so liebe Leute hier« oder: »Ich fühle mich wie in einer großen Familie.« Das konnte ich natürlich nicht bestreiten, erinnerte mich aber an die Aussage von Dahlke, dass Gelegenheit Diebe mache. Ich stellte mir beim Nachtessen an den weiß gedeckten Tischen vor, wie es wäre, wenn für die 120 Menschen nur 105 Betten zur Verfügung gestanden hätten und beim Nachtessen nur für 90 das Tischrecht gewährt worden wäre. Da hätten sich unweigerlich die Ellbogen zur Maximalstärke entwickeln müssen und es hätte sich innert kürzester Zeit ein respektloser Haufen von Egoisten hervorgetan. Wie viele der Gäste würden wohl freiwillig auf das Bett und die Mahlzeiten verzichten? Ich bin mir bewusst, dass jeder von uns unter gewissen Umständen zum Kain wird, wie es Von Weizsäcker geschildert hat.

Weiter macht es für mich Sinn, dass wir in eine größere Ordnung eingebunden sind (Hellinger) bzw. wir kommen aus einem übergeordneten Zusammenhang (A. Keil). Wenn ich von der Einheit überzeugt bin (der Gegenpol zur Polarität), was zwar für uns unvorstellbar ist, dann kann ich unser Dasein verstehen. Ich stelle mir vor, dass Drewermann recht haben könnte, wenn er sagt: »Gott überragt die Zwiespältigkeit.« Ob alles vorherbestimmt ist, wie es Einstein schrieb, könnte durchaus möglich sein, oder eben auch nicht.

Bei allen Aussagen dieser Menschen kann ich vieles als eine Möglichkeit sehen, um dann wieder sehr daran zu zweifeln. Immer wieder komme ich zu dem Schluss: Ich weiß es nicht. Hellinger hat es für mich sehr stimmig ausgedrückt: »Wir sind für etwas in die Pflicht genommen, was wir nicht erklären können.« Ebenso beruhigt mich Frankls Aussage, der sinngemäß sagt: Nichts ist in der Vergangenheit unwiederbringlich verloren. Alles ist geborgen und lässt sich nicht rückgängig machen. Ich denke manchmal über gewisse Lebenssituationen nach. Das kann doch nicht einfach weg sein. Was hätte denn das für einen Sinn? Dann befasse ich mich widersprüchlich mit der Aufgabe, loslassen zu können (Buddhismus). Sowohl Keil wie Hellinger sind für mich sinnvolle, aber nicht ausschließliche Wegweiser, wenn sie sagen, dass Dankbarkeit ein wichtiges Element in unserem Dasein ist. Sind wir vielleicht kausal gebunden an Bewegungen wie die Sterne? Auch Reinkarnation erachte ich als eine durchaus logische Erklärung, könnte mir aber ebenso vorstellen, dass es nicht so ist. Im Buddhismus denkt man ja karmisch. Auch bei uns sind Menschen, die an die Reinkarnation glauben, überzeugt, dass z. B. Krankheiten oder andere Schicksalsschläge die Konsequenz unserer Handlungen aus früheren Leben repräsentieren. Das erscheint mir als durchaus möglich. Wenn ich mir aber überlege, dass ich für etwas büße, an das ich mich nicht erinnere, dann hat eine solche Konsequenz einen bitteren Nachgeschmack. Wenn wir unsere Kinder bestrafen, dann müssen die doch wissen, warum. Ein Kind kann eine Strafe nur einordnen, wenn es die Ursache weiß. Machen wir es uns vielleicht zu einfach, wenn wir Unglück als Folge von Taten aus früheren Leben akzeptieren? Wer daran glaubt, sieht in jedem Unglück einen Sinn. Wer nicht daran glaubt, der fragt vielleicht, warum gerade ich? Vielleicht hat einer von beiden recht.

Falls Gott die Welt erschaffen hat, war seine

Hauptsorge offenbar nicht, sie so zu gestalten, dass wir sie verstehen können. Oder war es Absicht? Treibt er mit uns ein übles Spiel, wie es ein guter Freund von mir in die Runde warf? Wahrscheinlich nicht. Dann frage ich mich wieder, warum sind wir von einer Macht erschaffen worden, die uns noch die verzwickte Gabe mitlieferte, über unser Dasein nachzudenken? Und das können wir offenbar nicht verhindern.

Ich besuchte einmal ein Seminar. Der Referent erklärte, dass er nun ein Wort an die Leinwand projiziere, wobei unsere Aufgabe darin bestand, lediglich die Farbe zu merken, mit welcher das Wort geschrieben wurde. Es war also nicht erlaubt, das Wort zu lesen. Das kurz eingeblendete Wort war »Baum«.Ob wir wollen oder nicht, wir sind gezwungen zu lesen und können das nicht verhindern. Daher werden mich die erwünschten und unerwünschten Gedanken auch weiterhin ab und zu beschäftigen.

Wir können unsere Fantasie nicht negieren. Für mich muss es etwas »Anderes« geben. Es gibt zum Beispiel Kinder als Klaviervirtuosen (Tsung Tsung, 5 Jahre alt, Ricky Kam, ebenfalls 5 etc.). Da ich selbst auf einem eher guten Niveau Klavier spiele, bin ich solchen Ausnahmeerscheinungen gegenüber völlig sprachlos. Für mich ist es eigentlich unmöglich und unverständlich, wie jemand mit fünf Jahren ein derartiges Niveau erreichen kann. Da bin ich mir sicher, dass die kleinen Menschen etwas aus der vorgeburtlichen Zeit mit auf die Erde mitbekommen haben. So etwas Virtuoses und Gefühlvolles kann man in 2 bis 3 Jahren nicht erlernen. Ob das mit Wiedergeburt zu erklären ist oder anderweitig eingepflanzt wurde, spielt für mich keine Rolle. Beides halte ich für möglich, oder auch nicht.

Zu Frage 1: Gerechtigkeit scheint es nach meinen Maßstäben nicht zu geben, aber irgendwie glaube ich, dass es so geregelt ist, dass wir es später einmal verstehen werden. Vielleicht müssen wir, wie Dethlefsen es in einem Vortrag sagte, durch die Hölle gehen, um in die Einheit zu gelangen – die Polarität voll durchleben. (Hinabgestiegen in den Hades …)

Frage 2: Für einen Menschen, der das Schlimmste erlebt hat, finde ich keine Worte. Vielleicht muss ich mich damit zufrieden geben, wenn ich einem solchen Menschen »nur« beistehen kann.

FRAGE 3: Alle Fragen, die ich mit Gott in Bezug brachte, treffen ins Leere, außer wenn ich mir Gott nicht als Wesen, sondern eben als Zustand (Einheit) vorstelle.

FRAGE 4: Allmacht – auch hier kann ich mir nur das ganz »Andere« vorstellen, wo nicht gelenkt wird oder alles nach einem unabänderlichen Plan abläuft oder eben nur eine Illusion ist.

FRAGE 5: Warum schreitet Gott nicht ein? Siehe Antwort zu Frage 3.

FRAGE 6: Exit. Hier habe ich eine ambivalente Ansicht. Ich habe eine alte Frau begleitet, die medizinisch gesehen völlig gesund war. Sie offenbarte sich als Atheistin und organisierte den Freitod mit Exit. Auf eine meiner Sinnfragen antwortete sie, dass nach dem Tod nichts mehr komme, also könne sie solche Fragen nicht beantworten. Diese Sicht ist stellvertretend für Atheisten. An einem Donnerstagmorgen kamen die Leute von Exit, der Arzt und die Polizei in die Wohnung. Die Frau verabschiedete sich nach einem Kaffee mit den Worten: »Ich gehe jetzt.« Ich empfand die Situation als völlig makaber. Es kam mir vor, als wenn sich jemand verabschiedete, um in die Ferien zu gehen. Das konnte ich nicht einordnen. Dieses Vorgehen wurde vom eigenen Hausarzt nicht unterstützt. Wenn aber jemand von Schmerzen geplagt ist, kann ich mir dieses freiwillige Sterben gut vorstellen. Trotzdem bin ich unsicher, ob wir den Todestag frei wählen sollten. Vielleicht müssen wir bis zu einem gewissen Grad durchhalten (wie Hedi es schilderte).

FRAGE 7: Abtreibung. Auch hier habe ich ambivalente Gedanken. Ich glaube, dass ich dies nicht generell einstufen kann. Da könnte ich vermutlich nur im Einzelfall eine Entscheidung finden, wenn ich in diese Situation persönlich eingebunden wäre. Ich verfüge über Wissen, Glauben und Intuition. Je nach Gewichtung ergeben sich für mich unterschiedliche Antworten. Die Intuition (Bauchgefühl) ist in einem solchen Falle für mich dann richtungsweisend. Ich kann es auch als Gewissen einstufen, bin mir aber nicht sicher, ob das Gewissen kulturabhängig ist. Je nachdem, in welche Gemeinschaft wir hineingeboren wurden (Hellinger). Manchmal spüren wir, dass wir Unrecht getan haben, und versuchen dies mit Begründungen zurechtzurücken.

Gemäß Hellinger ist es aber der großen Seele egal, wenn wir uns mit Begründungen entlasten wollen.

FRAGE 8: Behinderung. Auch hier wieder finde ich hoffentlich eine klare Antwort erst nach meinem Tod. Ist es vielleicht möglich, dass der Selbsterhaltungstrieb größer ist als das Leiden? Ich tendiere eher zu einem Akt der Erlösung. Aber eben, ich weiß es nicht, wie ich im konkreten Falle reagieren würde. Wenn ich die Natur betrachte, wird jedes Geschöpf – außer beim Menschen – bei Lebensunfähigkeit ohne Zögern zurückgelassen. Es ist doch eine Gratwanderung. Däumling sagte zum Gebot *Du sollst nicht töten*: »Wir töten doch alle Tage.« Viele sagen, dass auch ein schwerstbehindertes Kind als Aufgabe oder Karma bei diesen Eltern sein muss und sich glücklich fühle. **Könnte es nicht sein, dass es sich noch glücklicher fühlen würde, wenn es von den Qualen erlöst würde?**

FRAGE 9: Abwendung von Gott nach dem tragischen Flugzeugunglück mit Verlust beider Eltern. Ich verstehe diesen Menschen voll und ganz, weil das damals leidtragende Kind offenbar mit einem personifizierten Gott aufgewachsen war.

Benos Aussage kann ich zustimmen: Ein solcher Mensch gehört in professionelle Hände. Das geschah zwar damals beim betroffenen Mann (seinerzeit als Kind), jedoch nicht mit dem erhofften Resultat.

FRAGE 10: *Es wird euch nicht mehr aufgebürdet, als ihr ertragen könnt.* Auch hier, es geht immer darum, ob man Gott als persönliches Wesen betrachtet oder nicht. Viele Menschen erleiden Unerträgliches. Selbstmord ist eine extrem schlimme Situation, die wir uns kaum vorstellen können, nicht a priori ein Akt der Entscheidungsfreiheit (wie Daniel es schildert). Ich könnte mir vorstellen, dass Spontanhandlungen vielleicht eine von »Natur« gegebene Notbremse sind und über eine ganz andere Ebene verlaufen (Verzweiflungsakt, Depression statt Entscheidungsfreiheit).

FRAGE 11: Sterben können und sterben müssen. Die Frage appelliert an die Gerechtigkeit Gottes. Auch hier wieder die Frage: Was ist Gott?

FRAGE 12: Unendlichkeit – Ewigkeit. Vielleicht verstehen wir das dereinst einmal ganz logisch und »lachen« über unser beschränktes Wissen.

FRAGE 13: Brutalität im Tierreich. Hier gilt wieder die Polarität. Gibt es eine übergeordnete Seele, gehört das »fressen und gefressen werden« in dieser Art zum Leben? Leiden die »Leidenden« vielleicht gar nicht, wie es Reiner in seinen Antworten für möglich hält?

FRAGE 14: Ein Mensch in Not appelliert an meine Hilfsbereitschaft – Gott hört das nicht. Da verweise ich auf Frage 10 und weitere.

FRAGE 15: Die ewige Ruhe: Das ist dann vielleicht die Einheit. Nichts und doch alles. Alles losgelassen und doch nichts verloren (Frankl).

FRAGE 16 UND 17 – Bibelfehler: Das ist menschlich und überlieferungsbedingt. Daniel hat es richtig erklärt, dass die Bibel in deutscher Sprache gar nicht so alt ist, und wie die Übersetzungen von Menschenhand erfolgte. Da sind Fehler unmöglich auszuschließen. Schade ist nur, dass die Kirchen und deren Gläubige oft auf die vielleicht falsche Buchstabentreue bauen.

FRAGE 18: Dogmen und Rituale. Auch das scheint ein menschliches Dilemma zu sein. Damit kann ich aber leben. Von der Aufrichtigkeit zur Lächerlichkeit gibt es keine Trennmauer. Rituale ja, gedankenlose Handlungen nein.

FRAGE 19: Heiliger Geist. Da halte ich mich an Johannes Greber. In seinem Buch »Der Verkehr mit der Geisterwelt Gottes, 1986«, erklärt er die Dreieinigkeit ungefähr wie folgt: Der Mensch besteht aus dem physischen Körper, dem geistigen Körper und der Seele. Stirbt der physische Körper, verlassen der geistige Körper und die Seele die sterblichen Überreste und existieren in einer jenseitigen Welt weiter bis zur nächsten Inkarnation. Obwohl ich mir auch vorstellen kann, dass es keine Wiedergeburt gibt. Er schreibt, dass man in der geistigen Welt ähnlich lebt wie hier auf Erden, einfach mit dem geistigen Körper als Träger der Seele. Während der Inkarnation entwickle man sich schneller als in der geistigen Welt. Die geistige Welt sei eine Zwischenstufe vom Menschen zur Einheit. Vielleicht kommen von dort auch die Schutzengel. Dies ist nur eine ganz kurze Erklärung, die ich für möglich halte, deren Unmöglichkeit ich aber auch nicht ausschließe.

FRAGE 20: Soll man noch Kinder kriegen? Ja. Wir haben einen eingepflanzten Fortpflanzungstrieb, deren Sinn wir vielleicht noch nicht erfasst haben. Das Cabaret Rotstift hat das in einem Programm humoristisch in Schweizerdeutsch vorgetragen:

Wänn eine Auto fahre wott,
muess er e Prüefig mache.
En Schlosser dörf nöd metzge und
en Schmid kei Weggli bache.
En Dokter ohni Studium,
das wär doch würkli zvil.
Doch Chinde ha und Chind erzieh,
cha jede Tubel, wänn er will.

Immerhin kann ein unfähiger Schlosser vermutlich weniger Schaden anrichten als unfähige Eltern.

Im Grunde genommen müsste man doch auch hier eine Messlatte setzen (z. B. gesundheitliche/charakterliche Voraussetzungen). Doch wie nahe sind wir dann beim Dritten Reich, wo der deutsche Arier gezielt hätte gezüchtet werden sollen? Das sind zwei absolute Extreme. Vielleicht findet sich die Antwort in der Mitte oder wird durch spätere Generationen auf einem höheren Level einmal geregelt. Es scheint, dass wir das kleinere Übel gewählt haben. Die »Entscheidung« wäre ja wieder Ermessenssache, die jemand zu bestimmen hätte, was dadurch zu dramatischen und gefährlichen Resultaten führen würde. Die natürliche Selektion gibt es beim Menschen nicht mehr.

FRAGE 21: Gott als Wesen. Schon in vorherigen Fragen dargelegt.

FRAGE 22: Schwerstbehindertes Kind im Zoo. Ich habe volles Verständnis für die Eltern, wenn sie ihr Kind erlösen möchten. Unsere Gesetze lassen das nicht zu. Ich erlaube mir aber die Frage, womit belaste ich mich mehr? Wenn ich das Kind sterben lasse (aktiv oder passiv) oder wenn ich es unwürdig durchboxe (vielleicht noch unter konstanten Schmerzen und **unfähig, den Todeswillen zu kommunizieren**)? Letzteres wird vielleicht irrtümlicherweise als Lebensfreude interpretiert. Hier gibt es vermutlich keinen Mittelweg, aber sicherlich Entscheide auf des Messers Schneide. Ich neige eher zur Erlösung, je nach Schweregrad natürlich (s. auch Frage 8). Vielleicht geht es ihm nach dem Tod besser. Ich weiß es nicht.

FRAGE 23: Den freien Willen haben wir nicht. Ich sehe das in einem größeren Zusammenhang ohne personifizierten Gott als Richter. Ich kann mich zwar entscheiden, nach New York zu reisen, und habe den freien Willen, mit dem Flugzeug zu gehen oder mit dem Schiff. Sobald aber das Flugzeug entführt wird, ist es aus mit der Willensfreiheit.

Ich bin froh, dass sich viele Menschen Gedanken gemacht haben und noch machen, obwohl doch vieles auf Mutmaßungen beruht. Für mich ist eigentlich klar, dass noch eine Instanz über uns sein muss.

Man betrachte mal den menschlichen Körper: Ein Auge funktioniert mit Millionen von Sehnerven, die die Impulse ins Gehirn weiterleiten, sodass wir ein Bild wahrnehmen können. Das kann für mich kein Zufall sein. Das bringen ja nicht die gescheitesten Menschen auf diesem Planeten fertig. Da muss irgend »wer« dahinterstehen. Für mich sind Darwin oder Harari somit nicht wegweisend. Dann denke ich wieder, dass die Materie vielleicht schon Zufall sein könnte, aber die Gedanken und Gefühle müssen doch von irgendeiner Instanz initiiert worden sein. Warum sind wir aber mit einem Bewusstsein ausgestattet und wissen nicht, warum? Was soll diese Geheimnistuerei? Ich glaube, dass das Leben nicht umsonst ist und wir eine Aufgabe zu erfüllen haben. Welche, weiß ich nicht (Hellinger u. a. offenbar auch nicht). Oder gibt es eine »göttliche Ordnung«, die wir zu verstehen, zu lernen haben? Geht dies vielleicht nur über die Auseinandersetzung mit der materiellen Welt? Wenn ich dann sehe, wie Menschen in Kriegsgebieten gemetzelt, verkrüppelt oder zerbombt werden, dann denke ich wieder: Wenn schon jemand so unwahrscheinlich gescheit ist, um all diese Wunder der Welt zu erschaffen, warum zeigen sich solche Widersprüche? Ist der Mensch vielleicht doch eine ungewollte Fehlkonstruktion? Wurde da etwas geschaffen und ist aus dem Ruder geraten? Vermutlich nicht, aber meine Gedanken können sich ja verändern, je nach den Umständen, in denen ich mich gerade befinde. Ich stelle mir vor, dass ich mich, umgeben von Krieg, Gewalt und Hunger, ganz anders verhalten würde. Vermutlich würde ich sogar wütend mit der Instanz, die mich hierhergesetzt hat, oder ich würde hadern mit dem Schicksal oder sogar aus Verzweiflung freiwillig abtreten. Die meiste Zeit bin ich aber ganz bodenständig. Ich studiere also nicht permanent an diesen Fragen herum.

Das war jetzt eine relativ kurze Episode, die mich inskünftig nur unter anderem beschäftigen wird. Ich bin nicht esoterisch besessen. Das konnte ich als Treuhänder auch nicht sein, musste ich doch mit Steuerfällen, Liegenschaftenverwaltungen, Buchhaltungen, Rekursen und Gerichtsterminen hauptsächlich ganz nüchterne Aufgaben erledigen. Und dies noch mit Freude. Auch mein geliebter Sport ist sehr bodenständig. Als Marathonläufer stets unter drei Stunden erlebte ich mit meinen Sportfreunden eine große Zufriedenheit, obwohl dieser Sport, wenn man das von außen so betrachtet, einen völligen Leerlauf darstellt. Für mich war der Sport eine Art Meditation, bei der ich regelmäßig geschäftliche und persönliche Probleme lösen konnte. Sri Chinmoy (spiritueller Lehrer, *1931), sagte 1982, anlässlich meines ersten Marathons, in etwa: »Wenn jemand meditiert, kann er dies wieder aufgeben. Wenn jemand läuft, kann er damit auch wieder aufhören. Wer aber meditiert und läuft, wird zeitlebens beides behalten. Für einen gesunden Geist braucht es einen gesunden Körper. Dafür ist man bis zu einem gewissen Grad selbst verantwortlich.«

Ich vermute, dass wir irgendwann mal in die Einheit gelangen. Ich nehme an, dass das »Ziel erst erreicht ist«, wenn alle dort angelangt sind. Es nützt mir also wenig, wenn ich über einen Menschen denke, das geschieht ihm recht. Dethlefsen sagte, dass es nur *ein* Bewusstsein gebe (es gibt keine Mehrzahl dieses Wortes), und an dem können wir teilhaben oder auch nicht. Das ergibt für mich doch einen Sinn. Wenn es nach unserem Tod nichts mehr gibt, dann könnte ich gerade so gut heute schon abtreten. Eine Erinnerung würde ja nachher nicht mehr existieren.

Ich bin überzeugt, dass es eine geistige Welt gibt, und könnte mir vorstellen, dass der Besuch Jesu vor 2000 Jahren von dorther kam (Johannes Greber, »Der Verkehr mit der Geisterwelt Gottes«.) Dabei verstehe ich die geistige Welt als Verbindungsglied von der Polarität in die Einheit. Wenn ich mir Gott nicht als »Person« vorstelle, dann wäre Jesus auch nicht Gottes Sohn. Wie wollte man das damals aber anders ausdrücken? Ich bin überzeugt, dass Jesus als Verbindungsglied wiederkommen wird, denn, wie Peter Hahne (Fernsehautor und Chefredakteur) es erwähnt (s. weiter hinten), kann Hilfe nur von außen kommen. Oder, wie er fortfährt, wir werden nicht *auf* das Jenseits vertröstet, sondern *aus* dem Jenseits.

Dann habe ich auch schon über die Unendlichkeit

nachgedacht. Man sagt, dass, wenn ein Raumschiff zum Mars unterwegs ist, zumeist nichts vorhanden ist. Es ist das leere Weltall bis zum nächsten Stern, Planeten, Stein oder Staub. Nehmen wir aber an, es befinden sich zwei Personen im Abstand von 100 Metern im absolut leeren Raum, also im Nichts. Leider ist es nicht gut vorstellbar, denn wenn zwei dort sind, ist der Raum nicht mehr leer. Jetzt bewegt sich der eine zum andern und benötigt dafür zum Beispiel 20 Sekunden, je nach Geschwindigkeit. Also ist Nichts nicht nichts, denn man benötigt ja eine gewisse Wegzeit, um eine bestimmte Distanz von »Nichts« zu überwinden. Also mehr »Nichts« zu durchqueren benötigt mehr Zeit. Auch in der absoluten Leere braucht es Zeit, um sie zu durchdringen.

Etwas finde ich auch interessant. Offenbar kann die Lichtgeschwindigkeit (300'000 km pro Sekunde) nicht überboten werden. Das merkt man vor allem bei Weltraumflügen. Als die Astronauten auf dem Mond waren, benötigten die Funksignale je eine Sekunde hin und zurück. Diese Verzögerung konnte man bei den gesendeten Funkgesprächen gut mitverfolgen. Von der Sonne bis zu uns benötigen die Funksignale bereits 8 Minuten. Jetzt gibt es Sterne bzw. Galaxien, die sind Milliarden von Lichtjahren entfernt. Für uns absolut nur in Zahlen auszudrücken aber völlig unvorstellbar. Wenn jemand auf dem Mond mit einem gewaltigen Fernrohr auf unsere Erde schaut, sieht er alles von uns aus betrachtet eine Sekunde später.

Für den Betrachter auf dem Mond ist es aber die Gegenwart. Eine Sekunde ist nicht viel. Gehen wir aber zur nächsten Galaxie, dann sind es bereits 4,5 Jahre. Es ist natürlich nur theoretisch möglich, von dort aus mit einem Fernrohr auf der Erde Details zu sehen. Wir können es uns aber vorstellen. Das heißt, der Betrachter dort sieht alles für ihn gegenwärtig, aber das Geschehene liegt schon 4,5 Jahre zurück. Gehen wir noch weiter weg, dann könnte jeder von uns von irgendeinem Punkt aus seine eigene Geburt live beobachten. Das heißt, alles, was hier geschieht, ist irgendwo im All immer noch Gegenwart. Alles ist jetzt und nichts geht verloren. Große Teleskope beobachten heute Galaxien, die untergehen. Die Wissenschaftler sehen das ganz aktuell, obwohl es schon Tausende von Jahren zurückliegt.

Noch etwas Interessantes. Die Zahl Pi, mit der wir in der Schule rechnen mussten, wird hier allgemein mit 3,141 angegeben. Es ist aber eine der

faszinierendsten Zahlen der Mathematik überhaupt. Pi ist größer als 3,1415926, aber kleiner
als 3,1415927. Das Resultat liegt in der Unendlichkeit, das heißt die Stellen nach dem Komma
hören nie auf. Eigentlich unvorstellbar.

Nachstehend nun nicht wörtliche Zusammenfas-
sungen von Vorträgen, die ich meist selbst besuchen durfte. Auf alle diese Lebensfragen sind auch
zahlreiche mehr oder weniger bekannte Menschen eingegangen, wobei einige Aussagen von
verschiedenen Persönlichkeiten dem Thema eine
besondere Tiefe verleihen. Dies nicht zuletzt, weil
diese Menschen in schlimme Zeiten des Krieges hineingeboren wurden und unbeschreibliche
Not und Qualen erfuhren. Nicht alle Betroffenen
konnten sich mit dem Erlebten abfinden – viele
schieden durch Selbstmord aus dem Leben, von
denen wir natürlich keine Schriften mehr haben.

**Annelie Keil zum Beispiel, die 1939 geboren wur-
de,** hätte allen Grund gehabt aufzugeben. Ihr Vater war ein Nazi und wollte nichts von ihr wissen.
Auch ihre Mutter wollte keine Kinder, brach aber
die Schwangerschaft nicht ab und verfrachtete
Annelie Keil aus dieser Notsituation heraus in
ein Waisenhaus. Wie verhält sich ein Kind in einem solchen Heim? Es sucht nach Geborgenheit

und menschlicher Nähe, was unter den damaligen Umständen (überfüllte Heime und überforderte Betreuer) kaum gefunden werden konnte. 1945 holte die Mutter dann das Kind aus dem Heim und flüchtete, um kurze Zeit später in russische Gefangenschaft zu geraten. Erst anlässlich einer zweiten Flucht gelang den beiden der Sprung in den Westen. Später verglich Keil das Leben mit einem Theater: Wir werden geboren, der Vorhang öffnet sich, und wenn wir sterben, schließt sich dieser wieder. Dazwischen befindet sich unser Leben. Eine Anleitung dazu gibt es nicht. Wir müssen uns auf dieser »Bühne« selbst zurechtfinden. Zwar können wir unser Leben planen, aber im entscheidenden Moment sind wir auf uns allein gestellt.

So, wie wir das Leben selbst bewältigen müssen, sind wir auch in der Todesstunde allein. Keiner kann uns das Leben und den Tod abnehmen. Da wir nun schon mal geboren wurden, gibt es zwei Möglichkeiten. Entweder ich packe das Leben an oder ich gebe auf. Beides kommt vor, besonders in Kriegszeiten mit Hunger, Kälte, Gewalt und Not. Keil hat es geschafft. Mit 31 Jahren, 1970, wurde sie die jüngste Professorin in Deutschland. Obwohl sie als unerwünschtes Kind einen unglaublich schwierigen Start ins Leben hatte, war ihr Motto: »Ich zeige euch schon, dass ich zu Recht auf dieser Welt bin.« Sie verwies auf Viktor von Weizsäcker (ein Onkel von Carl Friedrich von Weizsäcker), wonach wir im Leben stets mit fünf Wörtern konfrontiert werden, und zwar mit *müssen, sollen, können, dürfen* und *wollen*. Wenn ich im Leben etwas machen muss, bin ich von jemandem abhängig. Kann ich etwas tun, habe ich eine gewisse Freiheit, und wenn ich etwas soll, dann wird es von mir erwartet. Ein Kind darf oft etwas tun, und ein sterbender Mensch will das Leben loslassen. Vielleicht *muss* er es (z. B. Krankheit) oder er soll, wenn er seinen Mitmenschen zur Last fällt. Das Leben steht nie unter der Devise, direkt von A nach B zu gelangen. Oft müssen wir einen Umweg über C nehmen. Ich habe einmal ein dazu passendes Beispiel gelesen: Wenn man am Rande eines Moores steht und muss auf die andere Seite gelangen, dann ist die kürzeste Strecke der Umweg um das Moor herum.

Wir müssen das Paradies (im Mutterleib) verlassen und durch den Tod des Geburtsvorganges gehen. Vieles können wir bestimmen, anderes nur noch annehmen. Wir können kämpfen oder resignieren. Das Leben meistern wir aber nur, wenn wir den Fuß vom sicheren Boden bewegen: »Jeder Schritt wagt den Fall«, sagt Anneliese Keil. Jeder Mensch erlebt die Situation, dass er in eine Sackgasse oder in eine Einbahnstraße gerät, und muss versuchen, da wieder rauszukommen.

Otto Betz, der deutsche evangelische Theologe, der von 1917 bis 2005 lebte, erklärte das mit der bekannten Geschichte »Ein Weg in die Mitte« am Bild des Labyrinthes.

Ganz eindrücklich kann man das in der Kathedrale von Chartres erleben. Nachdem man das Königsportal durchschritten hat, begegnet man einem aus hellen und dunklen Steinplatten konstruiertes Labyrinth, das in Form von konzentrischen Kreisen und Kehren, durch welche sich ein Weg zum Zentrum windet, in den Fußboden eingelassen ist. Im Mittelalter ließ man sich noch einladen, den Lebensweg mit allen Umwegen zu durchschreiten, mit dem Ziel, vorerst die Mitte zu erreichen, um dann wieder an den Anfang zurückgeführt zu werden. Manchmal kommt man der Mitte näher, um sich kurze Zeit später wieder an der Peripherie zu befinden. Man erreicht also die Mitte nicht auf dem direkten Weg, sondern muss die Strecke mit all ihren Kurven durchschreiten, wobei man oft auch in eine Sackgasse gerät. Dann darf ich nicht verzweifeln, sondern muss beharrlich einen Weg aus der Sackgasse finden – ein wunderschönes Symbol für das Leben. Im Labyrinth von Chartres zählt man 11 konzentrische Kreise. Die Zahl 11 stand in der mittelalterlichen Zahlensymbolik für das Unvollkommene. In dieser unvollkommenen Welt dürfen wir uns nicht verlieren.

Das Labyrinth ist seit ewiger Zeit ein Symbol in verschiedenen Kulturen. Allen Formen ist aber gemein, dass es sich bei den verschiedenen Umwegen um einen zwar unübersichtlichen, aber kreuzungsfreien Weg handelt. Jeder Mensch erfährt in seinem Leben, dass er sich heillos verlaufen hat und meint, keinen Ausweg mehr zu finden. Wer kennt den Ausdruck nicht, dass wir uns in einem Labyrinth befinden?

Am 4. Januar 1984 lud mich ein Bankerkollege zu einem Vortrag von **Peter Hahne, geboren 1952,** im Hotel Zürich ein. Das Thema: »Die Macht der Manipulation und die Freiheit des Evangeliums.« **Hahne war deutscher TV-Moderator und früher Bundestagsabgeordneter.** Organisiert wurde dieser Vortrag durch die IVCG (Internationale Vereinigung Christlicher Geschäftsleute und Führungskräfte). Der Saal war wie üblich bei Vorträgen dieser Vereinigung zumeist mit Geschäftsleuten bis auf den letzten Platz ausgebucht. Der Event mit Lunch fand über Mittag statt.

Hahne ist ein brillanter Kommunikator und versteht es, nicht die Religion in den Vordergrund zu stellen, sondern mit lebensnahen und teilweise humorvollen Einlagen seine Vorträge zu garnieren. So begann er auch in Zürich den Vortrag mit der Schilderung eines Erlebnisses an der Schweizergrenze. Offenbar war er einer der wenigen Autofahrer am Zoll, welcher an diesem prächtigen Wintertag keine Skier auf dem Dach montiert hatte. Dies war für die pflichtbewussten Schweizer Zöllner ein verdächtiges Warnsignal. Selbst das Vorzeigen des sonst wirkungsvollen Ausweises als Bundestagsabgeordneter half nichts. Er musste zur Seite fahren und seinen Kofferraum öffnen. Dabei fanden die Zöllner ein paar Dutzend seiner Bücher, die er in Zürich verteilen wollte. Mit einem Exemplar musste er im Zollhäuschen vortraben, wo ein Beamter mit ernster Miene das Buch inspizierte. Offenbar kannte der Zöllner das Buch und fragte ihn, wohin er denn die Bücher bringen wolle. Wahrheitsgetreu antwortete Hahne, dass er diese bei einem Vortrag in Zürich verteilen werde. Darauf sagte der Beamte, dass die Zürcher ein solches Buch auch bitter nötig hätten.

Dann beschreibt Hahne eine Geschichte, die sich am weißen Sandstrand von Borkum abgespielt hatte. Bei prächtigem Wetter und ruhiger See unternahmen drei Jugendliche eine Wattwanderung, da sich das Meer bei Ebbe weit zurückgezogen hatte. Weit draußen bemerkten sie etwas Ungewöhnliches, das an ein angespültes Meerestier erinnerte. Doch beim Näherkommen erkannten sie die gewaltige Kette, die das Transatlantikkabel verankerte. Schon bald entwickelten die drei bei dieser Kette ein Spiel. Die Knaben schlüpften mit einem Bein durch das gewaltige Glied dieser Kette mit der Absicht, die Kette dann so hoch wie möglich zu heben. Uwe war der Stärkste von den dreien, und als er die Kette weit nach oben gehoben hatte, verlor er das Gleichgewicht und fiel rückwärts ins Wasser. Die anderen beiden lachten ihn aus und sagten, dass er nun angekettet bald ertrinken müsse, wenn die Flut zurückkomme. Dann versuchten sie ihm aber zu helfen und merkten bald, dass der geschwollene Fuß nicht mehr durch das Kettenglied gezogen werden konnte. Hektisch bemühten sie sich mit allen Kräften, ihn aus dieser prekären Situation zu befreien. Schon hörte man von Weitem, wie sich mit dunklem Rauschen die Flut näherte. Verzweiflung machte sich breit, und alle drei standen schon bis zu den Oberschenkeln im Wasser. Jetzt merkten sie, dass sie sich allein nicht mehr befreien konnten. Hilfe musste her. Die beiden Freunde eilten zurück und erklärten dem Strandwärter die Situation. Dieser eilte, ohne zu überlegen, zur beschriebenen Stelle und konnte Uwe im letzten Moment aus seiner misslichen Lage befreien. Uwe war völlig erschöpft, und der Wärter musste ihn mit allen Kräften ans Ufer schleppen. Als Uwe im Spital erwachte, stand fest, dass er gerettet war. Aber den Strandwärter konnten die herbeigerufenen Helfer nur noch tot bergen. – Mit dieser symbolträchtigen Geschichte wollte Hahne aufzeigen, dass Befreiung nur von außen kommen kann, und zwar durch das Opfer. Genau das sei vor 2000 Jahren geschehen, als Christus bei seiner Rettung der Menschen selbst gestorben war. Hahne verwies auch auf die Mondlandung, als die Menschheit vom Machbarkeitsglauben besessen war, und folgerte, dass diese Leistung das größte Ereignis in der Menschheitsgeschichte darstelle. Dass der Mensch seinen Fuß auf den Mond gesetzt hatte, das war der Machbarkeitswahn – dass Jesus seinen Fuß auf die Erde gesetzt hatte, war sein Erbarmen, da schon damals feststand, dass Hilfe nur von außen kommen könne, und zwar durch das Opfer. Es sei ein großer Unterschied, ob wir *auf* das Jenseits vertröstet werden oder *aus* dem Jenseits.

In seinem 1986 gehaltenen Vortrag konstatierte **Martin Däumling (1917 – 2011),** dass das Christentum und der Islam zu den größten Zwangsreligionen auf dieser Welt zählen. **Däumling war deutscher Psychologe und Hochschullehrer und m. E. einer der größten Bibelkenner weit und breit.** Obwohl er an diesem Abend über das Thema »Das Weibliche im Wassermannzeitalter« sprach, verlor er sich stets in Nebengeleisen. Gleich zu Beginn ging er auf das christliche Dilemma ein, wonach heute die Gläubigen die Bibel vermehrt wörtlich nehmen, obwohl Jesus stets in Symbolen sprach. Als Beispiel nannte er die Bibelstellen aus Matth. 8,22 und Lukas 9,59, wo geschrieben steht: *Lass doch die Toten ihre Toten begraben.* Selbstverständlich können sich keine Toten gegenseitig begraben, vielmehr sei mit den Toten das nicht mehr Lebendige, also das Entfernte von Gott, gemeint. Auch stellte er fest, dass Jesus wohlweislich keine einzige Zeile selbst geschrieben hat. Wie fast alle von mir besuchten Referenten ging auch er auf die Polarität ein, wonach ein Oben stets eines Unten bedarf. Sehr engagiert äußerte er sich über die biblische Aufforderung, dass wir unsere Feinde lieben sollten. Solange etwas unter Zwang geschehen soll, sind die Voraussetzungen dafür denkbar schlecht. Wir können doch nicht lieben, wenn die entsprechenden Grundvoraussetzungen nicht vorhanden sind. Unsere Priester sollten endlich damit aufhören, von der Kanzel die Nächstenliebe zu predigen. Das gelang seit 2000 Jahren nicht und werde auch in Zukunft erfolglos sein, denn ohne das Böse gebe es kein Gutes.

Ganz aktuell erfahren wir das mit den Missbräuchen in der katholischen Kirche. Reiner hat in seiner Antwort auf Frage 3 treffend geschrieben, dass der Arterhaltungstrieb viel zu stark sei. Daher ist die Ursache all dieser Missbräuche vor allem im Zölibat zu suchen. Da kann der Papst noch so kraftlose Statements abgeben in dem Bewusstsein, dass dadurch die sexuellen Bedürfnisse dieser Männer nicht unterdrückt werden können. Somit ist anzunehmen, dass die Missbrauchsfälle womöglich munter weitergehen. Die Täter sind auch Opfer. Nebst einer Bestrafung sollte man sie vor allem bedauern. Zudem ist ein katholischer Priester, welcher keine eigene Familie hat, m. E. außerstande, seine Schäfchen in schwierigen Lebenslagen zu beraten. Viele Seelsorger sind leider damit beschäftigt, mit ihrer eigenen Seele ins Reine zu kommen. Im Gegensatz zu früher verfügen die Kirchen heute über große Vermögenswerte, damit auch das Bodenpersonal samt eigener Familie angemessen entlohnt werden könnte. Vor einigen Monaten zeigte eine deutsche Fernsehstation Bilder von Ausgrabungen in Kirchennähe, wo man Dutzende von Babyskeletten fand. Auch früher schon war halt der Trieb stärker als willkürliche Gebote; und Verhütungsmittel waren auch in den heiligen Hallen unbekannt.

Noch einmal zurück zu Däumling. In seinem Vortrag ging er auch auf das Verhältnis zwischen den Evangelischen und den Katholischen Gemeinschaften ein. In der Reformationszeit, also im 16. Jahrhundert, ließ der Reformator Jean Calvin seinen Studienfreund Michel Servet lebendigen Leibes verbrennen, nur weil dieser nachgewiesen hatte, dass der Heilige Geist ursprünglich nicht in den Evangelien enthalten war. Heute noch ist die Stelle in Genf gekennzeichnet, wo diese schreckliche Tat geschah. Ich habe diese Geschichte in der Regionalzeitung vom 21.1.2009 publiziert. Die Reformierten können sich also kaum über die Katholiken beschweren, indem sie sich auf die Inquisition berufen.

Däumling stellte auch fest, dass für Origenes (185 – 254) die Reinkarnation eine Selbstverständlichkeit war. Hedi hat dies in ihrem Antwortbogen zu Frage 15 ähnlich erwähnt. Auch wies Däumling darauf hin, dass heute immer mehr Medien auftreten, die behaupten, mit Gott in Verbindung zu sein (Channeling). Offenbar wüssten diese Menschen gar nicht, was Gott überhaupt ist. Wäre es eine Begegnung, würden sie vor Ergriffenheit bass erstaunen und keine Worte mehr finden.

Der Buddhismus bewegt sich auf einer völlig anderen Ebene. **Sogyal Rinpoche, geboren 1948 in China, war ein außergewöhnlicher tibetanischer Meditationslehrer und studierte an der Cambridge Universität in England.** Sein Buch vom Leben und Sterben erschien in 30 Sprachen und war sowohl in den USA wie auch in Europa ein Bestseller. In seinem Vortrag »Die geöffnete Hand« erklärte er, dass es auf dieser Welt keine endgültige Sicherheit geben könne. Dennoch sollten wir darüber nicht verzweifeln. Der von Thorwald Dethlefsen erwähnte »Spiegel« wird auch von Rinpoche ins Feld geführt, indem er erklärte, dass der Tod als Spiegel das Leben reflektiere. Offenbar klammern wir uns an vage Sicherheiten und wollen das Vergängliche nicht akzeptieren. Auch er fürchtet sich nach eigenen Aussagen vor dem Tod. Wer sage, er habe keine Angst davor, denke naiv. Das sei zumeist eine angenehme Theorie, solange man sich mitten im Leben befinde. Auch ich erlebte schon Momente in meinem Leben, wie Rinpoche es schilderte, in denen ich mir sagen konnte, dass alles in Ordnung wäre, wenn ich jetzt sterben müsste. Ich nehme an, dass jeder Mensch das eine oder das andere Mal sich an diesem Punkt befindet. Das seien nur kurze Momente, aber man könne sehr viel lernen daraus. Die Angst vor dem Sterben sei vielleicht gar nicht so schlecht. Sie zwinge uns, dass wir uns mit dem beschäftigen, was die Vergänglichkeit überdauert.

Ins gleiche Kapitel gehen die Aussagen von **Thich Nhat Hanh. Der 1926 geborene buddhistische Mönch sprach über die Achtsamkeit des Herzens. Er war Friedensbotschafter während des Vietnamkrieges. 1961 erhielt er ein Forschungs-**

stipendium für Religionswissenschaften an der Uni Princeton USA (wo auch Einstein einen Lebensabschnitt verbrachte).

Seine Vorlesungen an der Columbia Universität in NY in den Jahren 1963 und 1964 sind legendär. Der Schlüssel zum Frieden liegt für ihn in der Achtsamkeit. Dies können wir am besten an unserer Atmung erleben (s. auch Dethlefsen). Wenn wir achtsam ein- und ausatmen, erfahren wir, dass wir leben. Er selbst ergriff im Vietnamkrieg nie Partei und rief stets zur Versöhnung auf. Durch dieses Verhalten wurde er damals aus seiner Heimat verwiesen. Seit 1968 lebt er im Westen. In Amerika trifft er sich regelmäßig mit Kriegsveteranen aus Vietnam, um ihnen neue Wege aufzuzeigen. In Südfrankreich gründete er ein buddhistisches Meditationszentrum, das Plum Village. Dort treffen sich Menschen verschiedener Nationalitäten und Religionen zur gemeinsamen Meditations- und Friedensarbeit. Er erlebte in Vietnam, wie sich Kommunisten und Antikommunisten gegenseitig töteten, weil beide Parteien von ihrer Gesinnung überzeugt waren.

Vor etwa einem Jahr strahlte das deutsche Fernsehen ergreifende Bilder über Begegnungen zwischen US-Vietnamveteranen und vietnamesischen Kindern aus. Was ging in den ehemaligen, nunmehr alten Soldaten wohl vor, als sie weinend vietnamesische Kinder in die Arme nahmen, beobachtet von den teils immer noch kriegsgeschädigten Vorfahren? An diesen eindrücklichen Bildern konnte man erkennen, wie sinnlos es diesen Ex-Soldaten heute erscheinen muss, damals als junge Menschen in den Krieg geschickt worden zu sein. Auch hier zeigen diese Bilder deutlich auf, dass Soldaten nicht nur Täter, sondern auch Opfer verblendeter Staatsmänner sind. Ein solcher Krieg kennt in der Regel keine Gewinner.

Zum Buddhismus bekannte sich auch **Ilse Ledermann (1923 – 1997)**. Als Kind wohlhabender jüdischer Eltern, die 1939 nach China flüchten mussten, wurde sie später weltweit bekannt als die **buddhistische Nonne Ayya Khema**. Im Zweiten Weltkrieg war sie eines der vielen Kinder, die mit einem Kindertransportzug nach Schottland verfrachtet wurden. Später begab sie sich dann zu ihren Eltern nach China, wo sie während der japanischen Besetzung verhaftet wurde und drei Jahre in Zivilhaft lebte. Anschließend gelang es ihr, nach Amerika zu ziehen, wo sie eine Familie gründete. Nach einem weiteren Aufenthalt mit ihrer Familie in Australien bereiste sie viele Länder und war eine sehr gefragte Meditationslehrerin. Ihre 25 Bücher wurden in 10 Sprachen übersetzt.

Unter anfänglich schweren Lebensbedingungen war sie stets mit dem Thema »Loslassen« konfrontiert. Ihre Überzeugung war, dass für uns weltliche Menschen das Wort *loslassen* negativ besetzt sei. Wir können problemlos etwas loslassen, was uns lästig erscheint. Da wir spirituelle Wesen in einem materiellen Körper seien, wüssten wir, dass wir den Körper am Schluss wieder abgeben müssen. Auf der spirituellen Ebene beziehe sich *loslassen* auf das, was wir gernhaben. Unsere Kultur kommt damit nicht gut klar. Wir suchen das Glück über unsere Sinne, doch diese Glücksmomente sind stets von kurzer Dauer. Daher müssen wir sie regelmäßig wiederholen. Dahlke verweist zum Beispiel auf den Orgasmus. Wir können auch das Essen aus dieser Optik heraus betrachten. Eine gute Mahlzeit ist für die meisten Menschen ein Genuss, aber nur so lange, bis wir satt sind. Dann müssen wir aufhören zu essen, sonst wird es uns übel. Erst nach einer gewissen Zeit meldet sich der Hunger wieder und das Bedürfnis nach Genuss führt uns zur nächsten Mahlzeit. Beim Streben nach all diesen Glücksmomenten geht es also genau um das Gegenteil von *loslassen*, da wir etwas haben wollen. Wenn wir einen lieben Menschen verlieren, ist das für uns zumeist eine Tragödie. Wir wollen das Leben festhalten, und wenn es nicht gelingt, was jeder eigentlich weiß, aber nicht glaubt, dann ist es für uns etwas Schreckliches.

Ayya Khema vergleicht das Leben mit einem Bach, der fließt. Wir können diesen mit unseren Händen nicht aufhalten. Das Wasser findet den Weg zwischen unseren Fingern hindurch. Natürlich können wir eine Staumauer erstellen, dann bewegt sich nichts mehr. Das Fließen ist tot. Unser Leben muss aber fließen, was nur über das Loslassen gelingt.

Khema weist auch auf die Polarität bezüglich der Atmung hin. Mit dem ersten Atemzug beginnt unser Leben und mit dem letzten hört es auf. Jeder Atemzug ist absolut notwendig, aber ebenso vergänglich. Dethlefsen ist noch näher darauf eingegangen, indem er darauf hinweist, dass sich zwei Pole gleichzeitig ausschließen, im Nacheinander aber sogar bedingen. Mit anderen Worten, wenn wir den einen Pol wegnehmen, verschwindet auch der andere. Wir können also nicht nur einatmen (indem wir das Ausatmen beiseite legen). Jedes Einatmen bedingt zwingend ein Ausatmen. Wir können also nicht nur einatmen, sonst ersticken wir. Dieses Erlebnis können wir in verschiedenen Bereichen nachvollziehen. Eine Birne glüht, solange sie an die beiden Pole Plus und Minus angeschlossen ist. Sobald wir einen Pol entfernen, verschwindet der andere auch; die Birne erlischt. Auch Buddha sprach über die Polarität, indem er sagte, dass in uns alles zu finden sei: die absolute Vollkommenheit und die äußerste Verderbtheit. Es könne unmöglich anders sein. Wir werden dem Polaritätsgesetz noch öfter begegnen. Thorwald Dethlefsen ging in seinen Vorträgen regelmäßig auf das Polaritätsgesetz ein. Obwohl ich anlässlich eines Vortrages von Dethlefsen im Kongresshaus in Zürich wenige Jahre vor seinem Tod über seine Ausführungen nur noch den Kopf schütteln konnte, blieb er für mich aufgrund seiner früheren Aussagen stets wegweisend.

Thorwald Dethlefsen wurde am 11.2.1946 am Ammersee geboren und starb am 1.12.2011 in Wien. Er war deutscher Diplompsychologe und Reinkarnationstherapeut. In den 70er Jahren trat er zumeist mit Dr. med Rüdiger Dahlke auf. Ihr Buch »Krankheit als Weg« wurde zum absoluten Bestseller. Nach meinen Informationen trennten sich die beiden 1989 nach zwölfjähriger Zusammenarbeit. Beide traten in der Folge wieder einzeln auf.

Dethlefsen bezeichnete die Polarität als ein Gefängnis, in dem wir leben. Innerhalb dieser Polarität seien wir außerstande, die Befreiung zu erlangen. Es gibt unendlich viele Beispiele zum Polaritätsgesetz: hell – dunkel, laut – leise, gut – böse, plus – minus, Gesundheit – Krankheit, schlafen – wach sein, leben – sterben. Der Schlaf ist der kleine Bruder des Todes. So heißt es denn auch im Tibetanischen Totenbuch: »Wer leben lernen will, muss zuerst sterben lernen.« Den Gegenpol zur Polarität bezeichnet Dethlefsen als die Einheit. Diese können wir uns nicht vorstellen, höchstens umschreiben. Auf die Frage bei einem Vortrag, ob die Polarität innerhalb oder außerhalb der Einheit sei, antwortete Dethlefsen: weder – noch. Innerhalb könne sie nicht sein, da in der Einheit nicht mehr unterschieden werde – außerhalb aber auch nicht, da die Einheit alles umfasse. Die Einheit sei das absolut Andere. Offenbar existiert die Polarität gar nicht, was uns natürlich als völlig unverständlich erscheint. Wir sehen doch die Sonne auf- und untergehen. Wir legen uns schlafen und erwachen am Morgen wieder. Wenn er aber als Symbol den Traum herbeizieht, wird die angedeutete Begründung verständlicher. Im Traum erleben wir alles als Wirklichkeit. Wir sehen Autos vorbeifahren, können einen Apfel pflücken oder ein gutes Essen genießen und alles andere auch. Sobald wir aber erwachen, ist alles weg. Der Traum war lediglich eine Illusion. Während wir im Traum in der Illusion gefangen sind, können wir ihn nicht durchschauen. Wir müssen zuerst erwachen, um die Täuschung wahrzunehmen. Ist unser Dasein, das wir für die Wirklichkeit halten, nur eine Illusion? Wir sagen natürlich wohl kaum. Wir lesen doch diesen Text, nachher gehen wir ins Kino. Das ist doch alles real. Aber im Traum ist alles ebenso real. Auch im Traum sind wir überzeugt, dass alles Wirklichkeit ist, und erwachen manchmal völlig aufgeregt und sind froh, dass es nur ein Traum war.

Dethlefsen erklärt, dass wir in der Polarität die Erleuchtung nicht finden können. Wer Erleuchtung finde, der sei in der Einheit. Da wir aber in der Polarität gefangen seien, könnten wir die Einheit nicht erfassen. Alle Erklärungsversuche mit Bildern, Symbolen oder abstrakten Worten sind immer noch Formen. Die Einheit ist nicht eine bessere Polarität, sondern das komplett Andere.

Wer überzeugt ist, dass alle Krankheiten einmal besiegt werden können, ist kein Ansprechpartner. Ganz eindrücklich können wir das im Zusammenhang mit der Religion erleben. Du sollst das Gute tun und das Böse lassen, heißt es sinngemäß in der Bibel. Wohin das führt, wissen wir aus den Religionskriegen. Was 2000 Jahre falsch verstandenes Christentum zur Folge hat, können wir gegenwärtig eindrücklich an den sexuellen Ausschweifungen besonders innerhalb der katholischen Kirche erfahren. Jeder Priester ist überzeugt, dass das Böse nicht zugelassen werden sollte. Was aber verdrängt oder unterdrückt wird ist nicht weg, sondern liegt in unserem Schattenbereich. Und genau dort zeigt es sich auf der korporalen Ebene wieder, zum Beispiel durch Krankheit oder eben auch durch sexuellen Missbrauch (im Versteckten natürlich).

Dethlefsen rät, dass wir die Welt nicht verändern müssen, diese sei völlig in Ordnung. Wir Menschen seien das Problem. Wenn wir schlecht träumen, um nochmals auf den Traum zurückzukommen, müssen wir nicht den Traum verbessern. Es reicht, wenn wir aufwachen. Da wir aber in der Polarität gefangen sind, lässt sich das nicht so einfach bewältigen. Erst wenn wir erwachen, realisieren wir, dass alles nur eine Illusion war (Maya Illusiona). Wie können wir denn die Polarität überwinden? Dethlefsen sagt, dass wir die Welt durchschauen müssen. Alles, was wir erleben, was uns stört, sei nur unser Spiegel. Nehmen wir das Beispiel eines Wellensittichs, welcher in seinem Käfig mit dem Spiegel beschäftigt ist. Unermüdlich versucht er, mit dem »anderen Vogel«, seinem Spiegelbild, in Kontakt zu treten. Er geht hinter den Spiegel oder pickt ans Glas, weil er den physischen Spiegel nicht erfassen kann. Wir Menschen haben den physischen Spiegel sehr wohl verstanden, nicht aber jenen unseres Schattenbereiches. Auch Inayat Kahn, Leiter eines internationalen Sufi-Ordens mit vielen Auszeichnungen äußerte sich zur Polarität:

Ich habe Gutes und Böses gekannt.
Sünde und Tugend, Recht und Unrecht.
Ich habe gerichtet und bin gerichtet worden.
Ich bin durch Geburt und Tod gegangen,
Freud und Leid, Himmel und Hölle.
Und am Ende erkannte ich, dass ich in allem bin
und alles in mir.

In einem weiteren Vortrag (1989) hielt Dethlefsen abermals fest, dass wir die Einheit nicht wahrnehmen könnten. Diese sei unserem Bewusstsein völlig verborgen. Geometrisch betrachtet heiße das, dass wir den Punkt nicht vorstellen könnten, da dieser keine Dimension aufweise. Hätte er Dimension, wäre es ein Kreis, eine Fläche oder eine Kugel, aber auf keinen Fall ein Punkt. Hätten wir den wahren Punkt gefunden, wären wir in der Einheit. Solange wir aber in der Polarität gefangen seien, müssten wir uns in dieser Welt der Gegensätze zurechtfinden. Selbstverständlich versuchen wir dabei Ordnung zu schaffen und müssen uns immer wieder entscheiden nach dem Motto: entweder – oder. Mit dem einen Pol identifizieren wir uns und den anderen lehnen wir ab. Im Zölibat wird der Sex abgelehnt (verdrängt) und das »gottgefällige Leben« bejaht.

Wir müssen immer wieder Entscheidungen treffen, da wir *ja* sagen zum einen und *nein* zum anderen. Wir leben also in der Zweiheit, und diese führt uns regelmäßig in die VerZWEIflung.

Wir sprechen von Gott und dem Teufel und haben dadurch Gott in die Polarität gezogen und nicht dort belassen, wo er sein soll. Hedi hat dies u. a. in ihrem Brief zu meinem Fragebogen auf ihre Art geschildert, indem sie Gott nicht als Person oder Wesen, sondern als Energie empfindet. Mehrere Antwortgeber im ersten Teil des Buches haben auf die Bibel verwiesen, wo steht: *Du sollst dir kein Bildnis machen von Gott.* Warum wohl nicht? Ganz einfach, weil wir es nicht können, da wir in der Polarität gefangen sind und eben keinen Zugang zur Einheit (»Gott«) haben.

Man spricht von dunklen Mächten. Dadurch wird für uns der Teufel zum Schatten. Man nennt ihn auch Luzifer (Lichtträger), weil er sich das Licht borgt. Unendlich viele Bücher wurden über die dunklen Mächte geschrieben. Dass es diese so nicht gibt, können wir an einem einfachen Test selbst erfahren. Bei einer Transmutation Licht – Dunkel gewinnt immer das Licht. Schließe bei Tageslicht alle Fensterläden, sodass es im Zimmer ganz dunkel ist. Nun öffne die Läden. Geht die Dunkelheit nach außen und verdunkelt die Umgebung? Wohl kaum. Kehren wir den Versuch um. Draußen ist es stockdunkel und im Zimmer bei geschlossenen Läden ist es hell, weil eine Lampe leuchtet. Nun öffnen wir die Läden. Kommt die Dunkelheit ins Zimmer und verdunkelt unseren Raum? Auch hier ist die Antwort immer nein. An diesem Versuch lässt sich leicht erkennen, dass Licht immer siegt. Daraus kann man folgern, dass finstere Mächte das Licht stets meiden, da sie sonst selbst zu Licht werden.

Wenn wir die Polarität überwinden wollen, rät Dethlefsen, müssen wir die Welt durchleben und erkennen, dass sowohl das Gute wie auch das Böse in uns wohnt. Wie heißt es in der Bibel: *Niedergefahren in die Hölle und auferstanden.* Oder bei Carl Friedrich von Weizsäcker, der bekennt: »Ich bin der Terrorist, der Nazischerge« oder »Keine Hoffnung ohne das Entsetzen«.

Ein weiteres Gesetz, welches Dethlefsen stets in seine Vorträge einfließen ließ, ist das Resonanzgesetz. Wir können nur das aufnehmen, wofür wir eine Resonanzfähigkeit haben. Es gibt Ultraschall und Ultraviolett. Beide sind den menschlichen Sinnen verborgen. Andere Lebewesen haben aber Zugang. Die Forschung hat gezeigt, dass Bienen ultraviolett sehen können. Andere Lebewesen wiederum hören auch Ultratöne. Alles ist also abhängig von der Resonanzfähigkeit. Goethe hat das wunderschön ausgedrückt:

»Wär nicht das Auge sonnenhaft, die Sonne könnt' es nie erblicken.« Oder: »Läg nicht in uns des Gottes eigne Kraft, wie könnt' uns Göttliches entzücken?«

An einem für jeden verständlichen Beispiel kann dieses Gesetz anschaulich erklärt werden. Nehmen wir zwei Radioempfänger. Beide schauen genau gleich aus, haben also die gleiche Form, die gleiche Farbe und auch die genau gleichen Bedienungsschalter. Ebenso sind die Lautsprecher identisch. Nur, der eine ist auf UKW abgestimmt, der andere auf Mittelwelle. Der eine hört gerade eine Sportreportage und erzählt dem anderen davon, wie Tottenham gerade gegen Bayern München in Führung gegangen ist. Den anderen Empfänger interessiert das auch und er geht die ganze Bandbreite durch, findet aber nirgends diese Sportreportage. Er empfängt die Kleine Nachtmusik aus der Royal Festival Hall, ein Kriminalhörspiel, eine Gesundheitssendung und vieles mehr – nur keine Sportreportage. Also denkt er sich, wenn der andere mich nicht verarschen will, dann spinnt er wohl. Beide versuchen nun den anderen davon zu überzeugen, was gerade aus dem Äther empfangen wird. Ein heftiges Wortgefecht entbrennt, denn es muss endlich geklärt werden, wer von den beiden nun recht hat. Dieses Beispiel zeigt deutlich, dass jeder in seiner eigenen Welt gefangen ist, und dies ist abhängig von seiner Resonanzfähigkeit. Beide sind absolut überzeugt, dass das, was sie empfangen, die Realität ist. Beide haben in ihrer kleinen Welt auch recht, aber beide haben keine Ahnung davon, was Sonnenlicht ist.

An einigen Vorträgen Dahlkes, die ich besuchen durfte, werden parallele Ausführungen wie bei Dethlefsen zu seinen besten Zeiten vermittelt. Wie erwähnt, arbeiteten die beiden etwa zwölf Jahre lang zusammen.

Dr. med. Rüdiger Dahlke wurde am 24.7.1952 in Berlin geboren. Er ist deutscher Humanmediziner und Psychotherapeut.

Auch Dahlke befasst sich gerne mit Symbolen. Auf 9/11 bezogen stellte er fest, dass die Terroristen sehr gezielt mit Symbolen umgehen können. Es waren ganz bewusst gewählte Objekte, die getroffen wurden. Die Twin-Towers, das Pentagon, und das dritte, zum Glück verfehlte Ziel wäre das Weiße Haus gewesen. Was symbolisieren diese drei Ziele? Wirtschaft, Militär und Machtzentrum. Wir im Westen gehen eher fahrlässig mit Symbolen um. Nach diesen Anschlägen wurde die Weltwirtschaft aus dem Gleichgewicht geworfen. Der damalige Vorsitzende der FED, Alan Greenspan, wollte die Krise überwinden, indem er die Leitzinsen am laufenden Band senkte. Doch die Wirtschaft reagierte überhaupt nicht darauf. Alle Bemühungen zur Rettung der Konjunktur waren nutzlos gegen die Kraft der Symbole. Auf schreckliche Weise wurden durch die Terroristen vier Flugzeuge mitsamt der Besatzung und den Passagieren aus der Luft geholt. Der Westen übertraf diese Bilanz als Reaktion auf diese Anschläge um das Mehrfache, indem ganze Fluggesellschaften runtergeholt wurden (u. a. auch die Swissair). Das ist nicht die direkte Tat der Terroristen, sondern das Resultat, wie die westliche Welt auf diese Anschläge reagiert. Jeder mag sich an die Mediensendungen nach diesen Anschlägen erinnern. Die deutschen Staatssender berichteten stundenweise darüber, wobei man im Hintergrund immer und immer wieder die einstürzenden Türme einblendete. Da fragt man sich, was in den Köpfen solcher Medienleute vor sich geht. Es ist doch kaum davon auszugehen, dass die Medien sich mit den Terroristen verbündeten. Ich nehme an, dass die meisten Menschen von Sibirien bis Feuerland in kurzer Zeit die Türme 50-mal oder mehr einstürzen sahen. Dahlke erklärte, dass genau dadurch »Felder« entstehen. Diese Felder sollen etwas genauer erklärt werden.

Rupert Sheldrake erklärt in seinem Buch: »Das

schöpferische Universum« das Vorhandensein von »Feldern« mit zahlreichen Beispielen und nennt sie morphogenetische Felder. Aus einer anderen Quelle habe ich ebenfalls ein eindrückliches Beispiel über solche Felder gelesen. Wenn man, wie bereits erwähnt, eine Jungspinne von der Mutter trennt und separat aufwachsen lässt, so weiß dieses Jungtier, wenn es ausgewachsen ist, ganz genau, wie das höchst komplizierte Netz gesponnen werden kann, und zwar ohne Überlieferung durch andere Spinnen.

Weitere Versuche sind mir aus Amerika bekannt. Eine Forschergruppe besorgte sich eine Anzahl von Ratten und stellte dieser die lösbare Aufgabe, über Hindernisse zur Futterquelle zu gelangen. Die Tiere benötigten für den Parcours etwa 40 Minuten. Dann trainierte man dieselbe Gruppe von Ratten dahingehend, dass diese die Aufgabe in der halben Zeit lösen konnte. Nun besorgte sich eine andere Forschergruppe in Australien eine gleich große Gruppe von Ratten derselben Rasse und stellte die gleiche Aufgabe. Diese Tiere in Australien lösten die Aufgabe, ohne trainiert worden zu sein, in 30 Minuten. Das funktioniert über das morphogenetische Feld. Mit anderen Worten, alles im Universum ist miteinander verbunden und läuft nach den gleichen Prinzipien ab. Allerdings haben wir mit unseren Sinnen keine direkte Resonanzfähigkeit zu diesen Feldern.

Ebenfalls in Amerika fand ein weiteres interessantes Experiment statt. Jeden Montag erschien in einer amerikanischen Zeitung ein Kreuzworträtsel, welches bei der Leserschaft sehr beliebt war und von Tausenden von Menschen gelöst wurde. Nun nahm man eine Gruppe von Studenten, die das Rätsel schon zwei Tage vor der Publikation erhielt und es so gut als möglich lösen musste. Im Blick auf Vollständigkeit und Zeitaufwand konnte das Durchschnittsergebnis aller Studenten mit einem Faktor bewertet werden. Eine zweite Gruppe mit der gleichen Anzahl von Studenten bekam das Rätsel einen Tag nach der Publikation und musste es unvoreingenommen lösen. Das Überraschende war, dass die zweite Gruppe einen markant besseren Faktor erzielte als die erste. Um Zufälle auszuschließen, wurde das Experiment mehrfach wiederholt. Auch hier kann deutlich aufgezeigt werden: Dadurch, dass Tausende von Lesern das Rätsel lösten, entstand das wie vorn erwähnte »Feld«, welches die zweite Gruppe befähigte, einen erheblich besseren Faktor zu realisieren.

Dahlke weist darauf hin, dass die großen Religionsbücher des Christentums und des Islam durchwegs in Gleichnissen sprechen (Symbole). Leider haben unsere Religionsführer damit begonnen, die Bibel und den Koran wörtlich zu nehmen, was für die Religionen nichts als einen Rückschritt bedeutet.

Dahlke als Autor des Buches »Schicksal als Chance« erzählt eine Geschichte aus seiner Arztpraxis. Eine werdende Mutter unterzog sich den heute üblichen vorgeburtlichen Tests, wobei festgestellt wurde, dass das Kind behindert zur Welt kommen würde. Daher trieb sie ab und wurde später wieder schwanger. Auch bei der zweiten Schwangerschaft wurden Missbildungen festgestellt, sodass auch dieses Mal die Schwangerschaft abgebrochen wurde. Erst beim dritten Anlauf zeigten alle Tests keine gesundheitlichen Einschränkungen. Das Kind wurde auch gesund geboren, erlitt aber noch im Kindesalter eine dramatische unheilbare Krankheit, die die Mutter an den Rand der Verzweiflung brachte. Dahlke folgert, dass man dem Schicksal nicht ausweichen kann. Ob dies tatsächlich so ist, vermag ich zu bezweifeln. Die Natur, außer beim Menschen, kennt keine »Gnade« bei Missbildungen und lässt nicht lebensfähige oder schwache Wesen sterben.

Als ich in Baden einmal persönlich mit Dahlke ins Gespräch kam, befragte ich ihn über eine umstrittene Heilmethode. Ich war unsicher über die Methode des Therapeuten trotz der positiven Resultate, die er erzielen konnte. Obwohl sich Dahlke kritisch über dessen Methoden äußerte, stellte er aber gewisse Grundstrukturen nicht in Abrede. Wir erleben es oft, dass es nicht immer eine Antwort »richtig oder falsch« gibt. Jeder Mensch macht seine eigenen Erfahrungen.

Im Anschluss an die Antworten zu meinem Fragebogen ging ich auf seine Aussage ein, dass Gelegenheit Diebe mache. Auch dazu zeigt Dahlke ein eindrückliches Beispiel auf. Es kommt ganz auf die Situation an. Ein Experiment mit Theologiestudenten in den USA offenbart deutlich, wie sogar »gläubige« Menschen unter gewissen Voraussetzungen nicht mehr erwartungsgemäß reagieren. Man erklärte einer Gruppe von Theologiestudenten, dass in einer Stunde eine TV-Talkshow über Religion stattfinden werde, und dass es von größter Wichtigkeit sei, dass die Studenten im TV-Studio vertreten seien. Der Weg zum Studio nahm etwa eine halbe Stunde in Anspruch. Es war also genügend Zeit, um pünktlich dort einzutreffen. Unterwegs zum Studio platzierte man einen übel hergerichteten Schauspieler. Die vorbeikommende Gruppe der Studenten nahm sich sofort des »Verletzten« an und startete unverzüglich mit der Ersten Hilfe. Es war ja noch genügend Zeitreserve vorhanden, um pünktlich ins Studio zu gelangen. Beim zweiten Versuch war alles fast gleich. – Eine andere Gruppe von Theologiestudenten wurde ebenfalls aufgefordert, an der wichtigen Talkshow teilzunehmen. Nur die Zeiten wurden etwas verändert. Der Weg dorthin mit einer halben Stunde blieb sich gleich, aber man erklärte der Gruppe, dass die Show bereits in 20 Minuten beginnen werde. Man solle sich also beeilen, etwas zu spät komme man ohnehin an. Auch diese Gruppe fand den »Schwerverletzten« auf dem Gehsteig vor. Interessant ist nun, dass sich nur noch knapp die Hälfte der Gruppe um den Verletzten kümmerte. Die andere Hälfte hielt nicht an, um möglichst schnell ins Studio zu gelangen. Diese Beispiele zeigen deutlich auf, dass wir ganz anderen Gesetzen folgen als jenen der Logik.

In einem weiteren Vortrag unter dem Titel »Der Mensch und die Welt sind eins« beginnt Dahlke mit einem Beispiel, wie Statistiken je nach

Wunsch ausgelegt werden können. Man sagt, dass 35 % der Drogenabhängigen mit Hanf begonnen haben, also ist der Hanf die Einstiegsdroge Nr. 1. Eindeutig belegt ist die Tatsache, dass fast 100 % der Drogenabhängigen mit Milch begonnen haben, also ist doch die Milch die Einstiegsdroge Nr. 1. So werden Statistiken manipuliert.

Paracelsus (1493 – 1541) setzte zum angemessenen Verständnis der Dinge das sogenannte hermetische Prinzip voraus, das eine wechselseitige Übereinstimmung zwischen dem Makrokosmos (Welt) und dem Mikrokosmos (Mensch) konstatiert. Sowohl die Erdoberfläche wie auch der Mensch bestehen z. B. zu 2/3 aus Wasser.

All die höchst interessanten Antworten auf meine 23 Fragen, die ich von lebenserfahrenen Menschen erhalten durfte, haben etwas gemeinsam. Keiner erlebte die Nazi-Gräueltaten in unmittelbarer Nähe. Damals noch, lebten alle doch in einer zwar schwierigen, aber vergleichsweise sicheren Welt. Das heißt nicht, dass meine sehr geschätzten Antwortgeber sich nie mit lebensbedrohlichen Situationen konfrontiert sahen. Trotzdem lag mir daran, in diesem Kontext auch Aussagen von Menschen herbeizuziehen, die zumeist im Nazideutschland unvorstellbares Leid erleben mussten.

Nebst einigen bereits erwähnten Persönlichkeiten liefert der **österreichische Neurologe und Psychotherapeut Viktor Frankl, der am 26.3.1905 in Wien geboren wurde und am 2.9.1997 verstarb,** ein unter die Haut gehendes Beispiel. Er überlebte als Jude Auschwitz. Seine Mutter und sein Bruder wurden in der Gaskammer umgebracht. Seine Frau starb im Konzentrationslager Bergen-Belsen. Es handelt sich also um einen Menschen, der durchaus auch verzweifeln hätte können. Wer diese schreckliche, für uns nie fassbare Zeit nicht miterlebt (und überlebt) hat, der kann solche seelischen Qualen kaum nachvollziehen. Umso unglaublicher erscheint es, dass sich Frankl mit zwei Büchern international wohl zu den bekanntesten Autoren gesellen konnte. Nebst den Werken »... trotzdem Ja zum Leben sagen« und »Der Mensch vor der Frage nach dem Sinn« verfasste er weitere bekannte Schriften und hielt Vorträge auf der ganzen Welt (u. a. auch in New York in den 50er Jahren).

Frankl hat mehrmals erwähnt, dass die Nachkriegsgeneration, welche die schrecklichen Zeiten nicht hautnah miterlebt hat, kaum eine

Vergleichsbasis haben könne. Das sei einer der Gründe, warum unsere Gesellschaft vor allem auf Lustbefriedigung ausgerichtet sei. Es fehlt ihr die Leidensfähigkeit. Die Mehrheit der Menschen, die keine kollektive Not erlebte, verfügt nur über eine sehr geringe Frusttoleranz. Diese Menschen können kaum etwas opfern, was sie besitzen. Da spricht Frankl Ayya Khema aus dem Herzen, die ja eingehend auf das »Loslassen« eingegangen ist. Emotionale Spannungen führen sehr schnell zur Verzweiflung, das heißt, sollte wieder einmal eine kollektive Not entstehen, wäre das eine fast unüberwindbare Hürde gerade bei dieser Generation. Bei der heutigen tiefen Leidensfähigkeit hat sich der Griff zu den Drogen flächendeckend ausgeweitet. Das Auseinandersetzen mit Leidensdruck wird verdrängt, indem zur Zigarette, zu Drogen oder zu Tabletten gegriffen wird.

Frankl stellte fest, dass der Mensch nur leiden kann, wenn er einen Sinn dahinter erkennt und folgert: »Verzweiflung ist ein Leiden ohne Sinn«. Ein Patient von Frankl konnte den Tod seiner Frau nicht überwinden und verfiel in eine tiefe Depression. Erst als Frankl ihm klarmachen konnte, dass genau das seiner geliebten Frau erspart geblieben war, erkannte er diese kopernikanische Wendung

(Paradigmenwechsel). Wäre der Patient als Erster gestorben, hätte seine Frau seinen Tod verarbeiten müssen. Dadurch erhielt sein Leiden plötzlich einen Sinn, sodass er angesichts dieses Ereignisses nicht verzweifeln musste.

Frankl geht auch auf die in diesem Buch immer wieder erwähnte Polarität ein: »Die Freiheitsstatue an der Ostküste von Amerika sollte ergänzt werden durch eine Verantwortungsstatue an der Westküste.«

Ich erwähnte weiter vorn bereits, dass alles, was jetzt geschieht, irgendwo im Universum noch als Gegenwart erscheint. Wer von der Sonne mit einem gewaltigen Fernrohr auf die Erde schauen würde, könnte dort alles als gegenwärtig betrachten, was schon vor acht Minuten geschehen ist. Frankl brachte diese Einsicht auch mehrmals in seinen Vorträgen zur Sprache, indem er sagte, dass nichts in der Vergangenheit absolut verloren gegangen sei. Alles sei unvernichtbar geborgen und nichts lasse sich rückgängig machen. Alles bleibe in der Vergangenheit erhalten.

Nicht nur das Lustverhalten der heutigen Gesellschaft macht dieser arg zu schaffen, sondern auch das Fehlen einer sinnvollen Anregung. Dies stellte der **deutsch-amerikanische Psychoanalytiker und Philosoph Erich Fromm fest. Fromm wurde am 23.3.1900 in Frankfurt am Main geboren und verstarb am 18.3.1980 in Muralto (Schweiz).** Einer seiner bekannten Titel: »Das Fiasko der Religion«.

Der Mensch kann all seine Bedürfnisse heute fast problemlos befriedigen (Nahrung, Sex, Auto, Haus etc.) und stellt sich trotzdem früher oder später die Frage, ob es das jetzt gewesen sein könne.

Es gibt ein Experiment mit absoluter Entziehung von Reizen. Man bringt die Versuchsperson in eine Isolierzelle, einen geschützten Raum mit einer angenehmen Temperatur. Auch das Licht und das Essen sind optimal eingestellt. Nur etwas fehlt. Es gibt überhaupt keinen Reiz, sondern es herrscht ein Milieu wie z. B. beim Fötus im Mutterleib. Der Versuch musste nach spätestens drei Tagen abgebrochen werden, da sich bei den Testpersonen krankhafte und schizophrene Züge offenbarten. Die vollkommene psychische Passivität ist krankheitserregend. Dies kann bis zum Irrsinn gehen. Was für den Fötus im Mutterleib völlig stimmig ist, funktioniert beim erwachsenen Menschen nicht mehr.

Fromm verweist auch auf andere Methoden. Die italienische Ärztin und Reformpädagogin Maria Montessori (1870 – 1952) entwickelte ab 1907 ein pädagogisches Bildungskonzept. Sie war davon überzeugt, dass sowohl Belohnung wie auch Bestrafung eher schädlich sind für die gesunde Entwicklung des Menschen.

Bei Affenexperimenten hat man festgestellt, dass diese an etwas interessiert sind, ohne eine Belohnung zu bekommen. Der aktive Akt, etwas Sinnvolles zu unternehmen, erzeugt von sich aus Freude. Natürlich gibt es wesentliche Unterschiede zwischen dem Tier und dem Menschen. Es ist nicht nur der aufrechte Gang oder das Verwenden von Werkzeugen. Der große Unterschied liegt darin, dass das Tier zwar ein Bewusstsein, der Mensch aber seit etwa 40'000 Jahren ein Selbstbewusstsein hat. Er ist sich bewusst, dass er anders ist.

Der relative Überfluss gilt nicht für alle. Dadurch entstehen Mangelgesellschaften, was auch zu Kriegen führt. Man will etwas erhalten, das man nicht besitzt. Obwohl Dostojewski einst sagte, dass, wenn Gott tot wäre, alles erlaubt sei, ist es offenbar ein Grundbedürfnis des Menschen, moralisch einwandfrei zu handeln. Dadurch erreicht er eine innere Harmonie und ein inneres Gleichgewicht.

Fromm hat auch festgestellt, dass die Moral in den letzten hundert Jahren gesunken sei. Während des Ersten Weltkrieges war das vorsätzliche Töten von Zivilisten und die Folter keine verbreitete Methode der Kriegsführung. Im Zweiten Weltkrieg änderte sich das radikal. Regeln also, die 1914 noch eingehalten wurden, waren ab den 30er Jahren tabu. Warum? Weil es sich für die taktische Kriegsführung als günstig erwies. Wie ist es heute? Schauen wir auf die Kriegsschauplätze in Ex-Jugoslawien, in Syrien oder im Sudan, so gehören die Folter und die Gruppenvergewaltigungen selbst an minderjährigen Mädchen zur »normalen« Kriegsführung. Man stellt zwar wieder einen Trend zu neuen moralischen Prinzipien fest, vor allem bei der Jugend. Das sind aber meist nur kurzfristige Phasen und sie stellen keinen Paradigmenwechsel dar. Man denke hier an die längst verblasste Hippie-Zeit mit dem Slogan »make love, not war«, oder auch an die gegenwärtigen Forderungen für den Klimaschutz.

Eine weitere bekannte Persönlichkeit erklärt die Polarität: »Wenn die Menschen wüssten, wie es in mir ausschaut, welche Fantasien ich habe, dann hätten sie keine Achtung mehr von mir. Das trifft auch auf Priester oder Ordensfrauen zu.«

Diese Offenbarung stammt von dem **deutschen Benediktinermönch und Dr. der Theologie, Anselm Grün, geboren 14.1.1945 in Junkershausen (Bayern)** in seinem Vortrag »Fehler sind menschlich«. Es sei ein Urmisstrauen, welches ich den anderen nicht zutraue, so wie ich bin. Es sei leichter, sich mit hohen Idealen zu outen als mit dem Mut zur eigenen Wahrheit. Dadurch können wir die schmerzliche Aufgabe, uns mit unserem Schatten (Wahrheit) zu befassen, elegant umgehen. Jede Seele hat Abgründe wie Aggressivität bzw. mörderische und sadistische Gedanken. Hier braucht es Mut, in seine Menschlichkeit hinabzusteigen. Leider versuchen viele Menschen (besonders »ganz christliche«), diesen Weg zu überspringen. In Amerika spricht man von *spiritual bypassing*, was im Wörterbuch mit *Scheinheiligkeit* übersetzt ist. Es ist relativ einfach, mit schönen und religiösen Sprüchen um sich zu schlagen, da man damit der Menschlichkeit davonlaufen kann. Wer das nicht glaubt, sollte einmal in seine Träume hineinschauen. Darin erfahren wir, dass wir moralisch gar nicht so einwandfrei sind, wie wir uns geben.

Aber Jesus sagte ja schon: *hinabgestiegen in den Hades ...*, was eigentlich sehr tröstlich sein müsste. Wenn wir keinen strafenden Gott im Himmel sehen, bin ich in diesem Sinne nicht schlecht, sondern hoffe auf ein »mildes Auge Gottes«, immer unter der Berücksichtigung, dass wir nicht wissen, was Gott überhaupt ist.

Willigis Jäger, geb. 7.3.1925, verfasste als deutscher Benediktinermönch zahlreiche Bücher und ist ein ausgezeichneter ZEN-Kenner. Aufgrund seiner Aussage, dass die Religion erstarrt sei, erlegte ihm der damalige Kardinal und spätere Papst Ratzinger im Jahre 2001 ein Schreib-, Auftritts- und Redeverbot innerhalb der katholischen Kirche auf. Wie Ayya Khema erklärte er in seinen Vorträgen stets, dass wir nicht menschliche Wesen mit spiritueller Erfahrung seien, sondern spirituelle Wesen, die menschliche Erfahrungen machen. Daraus folgerte er, dass alle miteinander verbunden seien (siehe auch Sheldrake). Des einen Leid ist daher auch *mein* Leid. Dethlefsen ging in die gleiche Richtung, indem er sagte, dass es nur *ein* Bewusstsein gebe, und daran können wir teilhaben oder auch nicht (es gibt keine Mehrzahl des Wortes *Bewusstsein*).

Willigis Jäger berichtete, dass er beim Jogging eine tiefe Erfahrung machen konnte. Sein Bewusstsein war nach dieser Stunde plötzlich »eins«.

Bis zum 10. Jahrhundert gab es nur die »Crux gemmata«, also das mit Edelstein besetzte Kreuz. Nach Ansicht von Jäger hätten wir in unseren Zimmern viel zu viele Kruzifixe und zu wenig Edelsteine.

Ein Zuhörer stellte anlässlich eines Vortrags von Jäger fest, dass wir nach unserem Ableben vielleicht und hoffentlich in ein neues Bewusstsein kommen werden. Daraus entstand die Frage, ob es überhaupt verantwortbar sei, wenn wir mit all den Meditationspraktiken etwas vorwegnehmen, was erst später auf uns zukommen werde. Warum können wir nicht einfach warten bis zum Tod? Offenbar versuchen wir alles in Ungeduld vorwegzunehmen. Jäger begründete dies damit, dass wir nicht loslassen können. Wir sind gezwungen zu denken. Er meinte, dass Menschen, die sich auf einen bestimmten Weg einüben, in der Stunde des Sterbens nicht angstverkrampft seien. Das heißt nicht, dass man keine Angst vor dem Sterben habe, sondern dass man ein etwas offeneres Verhältnis zum Tode gewinnen könne. Sich hineingeben ist doch etwas ganz anderes, als nur hinauszuschieben, was unvermeidbar ist.

Konrad Lorenz ergänzte dies mit der Erklärung, dass wir das »missing link« zwischen dem Affen und dem eigentlichen Menschen seien. Das heißt, wir werden uns noch weiterentwickeln.

Man konfrontierte Jäger mit einer Aussage von Hellinger, der erklärte, dass wir hier auf Erden das Entsetzliche erleben müssen, wobei der Therapeut immer im Einklang mit diesem Entsetzlichen sein sollte. Jäger antwortete, dass er Hellinger kenne und nicht glaube, dass dies das Letzte von ihm gewesen sein soll. Ein Zuhörer wendete ein, dass man Hellinger nicht aus dem Zusammenhang heraus betrachten sollte. Jäger stimmte dieser Aussage zu.

Auch Jäger glaubte nicht an die befohlene Liebe, wie sie in diesem Buch an anderen Stellen bereits erwähnt wurde: *Du sollst deine Feinde lieben ...*

Sein Rat an Sterbebegleiter war, dass man in den entscheidenden Minuten keine frommen Worte von sich geben sollte. Es reiche, dem Sterbenden die Hand zu geben, denn dieser spüre, wenn jemand da ist. Dann warnt er noch vor teuren Kursen, die noch und noch angeboten werden mit dem Ziel, die Erleuchtung in zwei Tagen zu erlangen. Sein Rat: »Gehen Sie da nicht hin.«

Im Gegensatz zum Buddhismus kennt das Christentum nicht die lebendige Übertragung vom Meister zum Schüler. In Japan ist das ganz anders, da dort nicht die Bücher als Grundlage für den Glauben herangezogen werden.

Jäger vergleicht unser Dasein mit dem von Menschen auf einem Dampfer. Wir sehen zwar den Horizont im Meer draußen, aber nicht, was sich dahinter verbirgt. Was wir nicht sehen können, ist vielleicht viel gewaltiger als unsere vermeintliche Wirklichkeit.

»Die Wirklichkeit, in der wir leben, ist ein Traum.« Diesen Satz kennen wir bereits von Dethlefsen. Wenn wir in einer großen Kirche stehen, bemerken wir, wie es am Morgen durch die grandiosen Lichtfenster immer heller wird. Wir erkennen das Licht, wenngleich wir die Sonne selbst in dieser Kirche nie sehen werden.

Wie John Locke schon vor 400 Jahren schrieb, werden wir die letzte Wahrheit über Gott nie erkennen. Jäger drückt es so aus: »Leid und Tod bleiben für den Menschen ein Mysterium, das er nie lösen wird.« Der Sinn des Lebens lasse sich aus philosophischer Sicht nicht erklären. Was machen wir hier 70 oder 80 Jahre lang auf diesem

Staubkorn Erde ganz am Rande unserer Galaxie eigentlich? Von der Größe her sind wir auf jeden Fall völlig unbedeutend.

Reiner Maria Rilke, geboren am 4.12.1875 in Prag (damals Österreich-Ungarn), gestorben am 29.12.1926 in Montreux (Schweiz), war ein deutscher Lyriker. Ein bekanntes Buch von ihm: »Auf der Suche nach der Quelle«.

Rilke war ein Suchender und lebte eine eigenwillige Frömmigkeit. Obwohl er stets die Verbundenheit mit Gott suchte, distanzierte er sich deutlich von der herkömmlichen Christlichkeit. Er war der Ansicht, dass Gott auf dem Wege menschlicher Anstrengungen nicht erreichbar sei. Er empfand den verordneten Glauben als Vorschrift und Nötigung. Erst da, wo man sich innerlich ergriffen fühle, könne man auch religiöse Erfahrungen machen. Der Begriff Glaube erhalte immer mehr die Bedeutung von etwas Mühsamem. Wie Locke und Jäger erklärte Rilke sinngemäß, dass Gott nicht ausgedrückt werden könne. Rilke selbst bediente sich der negativen Theologie. Nur so schaffe man Raum für das Unbeschreibliche.

Rilke war ein emsiger Leser der Psalmen, obwohl er zu Jesus nie eine starke Beziehung aufkommen ließ. Er fragte sich stets, wer dieser Christus überhaupt sei. Einer, der sich in alles hineinmische und in unserem Leben stets der Erste sein wolle. »Oder legt man ihm das nur in den Mund?« Der Ausschließlichkeitsanspruch des Christentums stieß Rilke ab. Er schätze die Vielfalt verschiedener Religionen. An Pfarrer Zimmermann schrieb Rilke, dass das Christentum fortwährend nicht im Stande sei, dem Übergewicht der Not einen Gegenpol zu setzen. Aufgrund seiner Beobachtungen im Ersten Weltkrieg war er überzeugt, dass das Christentum nicht die Kraft habe, unsere Welt positiv zu beeinflussen.

Auch Rilke befasst sich mit der Polarität, indem er uns auffordert, nebst zum Leben auch zum Tod ja zu sagen; zum Lichte und zum Dunkeln; zur Stimme und zum Schweigen; nicht verdrängen, sondern bejahen.

Ein ganz schöner Satz von Rilke ist mir geblieben im Zusammenhang mit dem Tod eines seiner Freunde: »Er starb wissend, gewissermaßen überflutet von Einsichten ins Ewige. Sein letzter Atemzug wurde ihm zugeweht von den erregten Flügeln der Engel.«

Wie Annelie Keil empfand er sich als Beschenkten, indem er keine Ansprüche erheben wollte.

Aber als Beschenkte dürften wir nicht alles dem Schicksal überlassen, sondern hätten unsere Aufgaben zu erfüllen. Er verglich uns mit den Bienen des Unsichtbaren. Wir sollen Gott nicht durch unsere Bilder einschränken. Rilke zeigt stets die hellen und die dunklen Seiten des Daseins auf (Polarität) und rät, beides anzunehmen, weil sie zusammen ein Ganzes bildeten. Seine eigene Art der Frömmigkeit offenbarte sich auch in einer demütigen Dankbarkeit.

Elisabeth Kübler-Ross, geb. am 8.7.1926 in Zürich, gestorben am 24.8.2004 in Scottdale (Arizona), war Prof. Dr. der Universität Virginia (USA). Als wohl bekannteste Sterbeforscherin hielt sie rund um den Globus Vorträge über das Sterben. Ich erinnere mich an einen Vortrag am 20.3.1986 in Rüti, als sie einen oft wiederholten Satz kommunizierte: »Man muss die kranken Menschen nicht anlügen, um zu beruhigen. Ausnahmslos jeder weiß, wenn er vor dem Sterben liegt.«
Wenn der Sterbende merke, dass sein Begleiter mehr Angst habe als er, wolle er nicht weiter über den Tod sprechen. Es gibt Kranke, die sagen, dass sie am nächsten Geburtstag nicht mehr hier sein werden. Wir neigen dazu, diese Aussa-

ge zu negieren, indem wir sagen, er solle nicht so dummes Zeug sprechen. Es werde doch noch zusammen Weihnachten gefeiert. Nach solchen Aussagen merkt der Kranke sofort, dass die Begleiter die Realität nicht akzeptieren wollen. Besser sei es, dem Kranken schweigend die Hand zu halten. Wer leicht sterben wolle, sollte darauf achten, seine Pendenzenberge zu erledigen. Man werde offener, wenn man in der Stunde des Abschiedes nicht noch viele unerledigte Geschäfte hinterlasse. Auch rät sie, Kinder und alte Leute mehr zu umarmen und zu berühren. Dies bewirke Wunder und könne Senilität verhindern. Sie hat hundertfach erlebt, dass Kinder keine Angst vor dem Sterben haben. Viele verlassen den kranken Körper und kommen nochmals zurück mit der Erkenntnis, dass sie die Menschen getroffen haben, die sie empfangen werden. Das können auch Menschen sein, die das Kind persönlich nie kennengelernt hat (z. B. Großmutter).

Was dann überraschte, war die Tatsache, dass Kübler-Ross bei ihrem Tod selbst große Probleme zeigte und sogar haderte. Darauf hat Bruder Beno in seiner Antwort auf Frage 11 bereits hingewiesen.

Eugen Drewermann wurde am 20.6.1940 in Bergkamen im Ruhrgebiet geboren. Er ist deutscher Theologe und Psychoanalytiker. Wegen seines Buches »Kleriker – Psychogramm eines Ideals« wurde er als römisch-katholischer Priester suspendiert.

Obwohl Drewermann mehr Fragen als Antworten aufwirft und Aussagen trifft, die an massive Vorwürfe erinnern, folgert er letztlich, dass Gott existenziell notwendig sein müsse, und zwar in der Form, dass er die Zwiespältigkeit überrage. Er rät, die Widersprüche in der Natur nicht in Gott zu übertragen, sonst würden wir den Halt verlieren. Die Natur sei bodenlos für uns Menschen. Wir können über unsere Situation nachdenken. Fast könne man meinen, dass die Natur mit uns zu viel riskiert habe. Es könne doch nicht sein, dass auf solch frivole Art mit Lebewesen umgegangen werde. Es werde mit dem Menschen gespielt und man lasse ihn leiden. Dazu sei er mit der Fähigkeit ausgestattet, über sein Schicksal nachzudenken. Auch Drewermann verweist auf die Situation in der Kathedrale (wie Rilke), wo wir das Licht zwar erkennen, die Sonne selbst aber nicht sehen können.

Das von den Kirchen proklamierte Weltbild habe

die Menschen in den Atheismus getrieben. Gott hätte die Welt eingerichtet und tatenlos zugesehen, wie das Elend seinen Lauf nimmt. Der Weg Russlands im 19. Jahrhundert endete schließlich im Atheismus. Man hatte die Erklärungen über Gott satt, wenn man gleichzeitig erleben musste, wie unwahrscheinlich die Menschen litten.

Es war und ist immer noch so, dass der Überlebenskampf von jedem gegen jeden geführt wird. Die Natur zaudert keinen Moment, einen uns lieben Menschen zu opfern zugunsten eines beliebigen Einzellers (oder Virus). Vergleiche auch die Aussage der Antwortgeberin Hedi bezüglich der Ameisen und des Wurmes (zu Frage 1).

Die Zwiespältigkeit in unserer Gesellschaft offenbart sich auch in den Schulen. In der ersten Schulstunde wird über den erbarmungslosen Darwinismus unterrichtet. Die anschließende Religionsstunde befasst sich mit einem allmächtigen Gott.

Drewermann vergleicht die Menschheit mit einem Schiff, welches in die Schleuse fährt. Sind die Schotten einmal geschlossen, können wir allein nicht mehr herauskommen. Wir sind auf Hilfe von außen angewiesen. Diese Feststellung deckt sich genau mit den Aussagen von Peter

Hahne und Thorwald Dethlefsen. Drewermann glaubt an einen Gott, der über den Verwirrungen unserer Psyche steht. Das Leiden, das zum Leben gehört, hat ihn angeblich nie zur Ruhe kommen lassen. Offenbar war Schopenhauer der erste Philosoph, der die ganze Problematik thematisierte.

Aus erster Hand erlebte ich **Bert Hellinger** am 23. April 1994, als er im Saal des Kinderheims Bühl in Wädenswil einen Workshop durchführte. Er arbeitete mit diversen Ärzten und deren Patienten, aufmerksam miterlebt von weit über 100 Gästen. Da ich von diesem Workshop sehr beeindruckt war, las ich in der Folge einige seiner zahlreichen Bücher und konsumierte einige seiner Videos mit Live-Seminaren. In der Fachwelt ist er sehr umstritten, aber weltweit ein gefragter Familientherapeut, selbst in China. Leider konnte mich Hellinger in den letzten Jahren mit seinen »neuen Methoden« nicht mehr begeistern, und ich teile heute viele der kritischen Stimmen.

Hellinger wurde am 15.12.1925 in Leimen, Deutschland, geboren. Er ist deutscher Buchautor, Psychoanalytiker und Familientherapeut. 1952 erhielt er die katholische Priesterweihe.

Aufgrund meiner persönlichen Erfahrungen versuche ich seine frühere und für mich immer noch stimmige Arbeitsweise zu erklären, da seine Erkenntnisse eher erfahrbar denn erklärbar sind. Eine wesentliche Aussage Hellingers ist: »Ich fühle mich als einer, der in den Dienst genommen ist für etwas, das er nicht versteht.«

Das Familienstellen wird auch *Familienscript* genannt. *Script* stammt aus der Transaktionsanalyse und beinhaltet den unbewusst angelegten Lebensplan, nach dem wir funktionieren. Bert Hellinger studierte Philosophie, Theologie und Pädagogik und arbeitete sechzehn Jahre lang als Mitglied eines katholischen Missionsordens bei den Zulus in Südafrika. In diesem Umfeld fand er den Weg zur »Ordnung der Liebe« (gleichnamiger Buchtitel). Danach wurde er Psychoanalytiker und kam über die Gruppendynamik, die Transaktionsanalyse und andere Verfahren zur System- und Familientherapie. Hellinger wirkt weit über seinen Fachbereich hinaus, weil er Wesentliches über die Ordnungen der Liebe und des Lebens klar und nachvollziehbar vermittelt.

Hellinger hat entdeckt, dass ein jeder Mensch in einem Sippen- und Familiensystem eingebettet und unbewusst damit verstrickt ist. Dies wirkt ungeachtet der Tatsache, ob Familienangehörige noch leben oder bereits verstorben sind. Verstöße dagegen können schwerwiegende Folgen haben (zum Beispiel Krankheiten, Tod, Beruf, Partnerschaft etc.). Geprägt ist jeder Mensch von seiner Herkunftsfamilie, wobei dies, wie erwähnt, zumeist auf der unbewussten Ebene abläuft und kraft unseres Verstandes gelegentlich als ungerecht empfunden wird.

Am besten verständlich ist dieser Verstrickungsplan an Beispielen. Wenn einer unserer Vorfahren einen Menschen umgebracht hat und dieser Tatbestand in der Sippe verschwiegen (Hellinger sagt *ausgeklammert*) wird, so nimmt ein Nachfahre unbewusst die Stellung des Mörders ein. Das heißt, ein Enkel beispielsweise ist unbewusst mit dem Täter verstrickt und verhält sich so wie der Täter und empfindet auch so. Es ist, als würde ein vergangenes Schicksal in einer späteren Generation wiederholt. Dem Enkel droht das gleiche Schicksal. Es gibt Familien, in denen zum Beispiel Männer verschiedener Generationen im gleichen Alter gestorben sind oder schwere ähnliche Schicksalsschläge erlitten.

Ein anderes Beispiel: Eine Mutter stirbt bei der Geburt ihres Kindes zusammen mit dem Kind. Der Vater heiratet später ein zweites Mal. Die zweite Frau muss nun der ersten (Verstorbenen) einen Platz im System einräumen. Sie muss anerkennen, dass die Verstorbene an erster Stelle im System steht und sie, als zweite Frau, erst später dazugekommen ist. Dies geschieht zum Beispiel dadurch, dass ein Bild von der ersten Frau in der Wohnung hängt und diese somit geachtet wird. Das heißt nicht, dass die zweite Ehe weniger wert ist. Im Gegenteil, diese kann noch tiefer sein, als die erste es war. Trotzdem muss die verstorbene Frau gewürdigt werden und ihren Platz im System haben, denn: das Glück der zweiten Frau beruht auf dem Unglück der ersten. Eine ähnliche Dynamik ist bei abgetriebenen Kindern feststellbar.

Die Therapie nach Bert Hellinger findet in Gruppen statt. Ein Teilnehmer vertritt beim Familienstellen diejenige Person, die an sich arbeitet. Der Teilnehmer (Stellvertreter) sucht – je nach Aufstellung bezüglich der Herkunfts- oder Gegenwartsfamilie – andere Stellvertreter aus der Gruppe aus (zum Beispiel Vater, Mutter, Schwester, erster Mann der Mutter etc.). Interessant ist nun, dass die aufgestellten Stellvertreter während dieser geleiteten Aufstellung die Gefühle der Vertretenen übernehmen, das heißt, sie sind während dieser Aufstellung wie besetzt durch die Abwesenden (noch lebende oder auch verstorbene Personen). Durch diese Aufstellungsarbeit können ausgeschlossene Personen wieder in den Kreis gebracht werden und erhalten ihren gemäßen Platz im System. Zudem werden durch die Stellvertreter heilsame Sätze ausgesprochen, die dann in der an sich arbeitenden Person nachwirken. Durch diese Ordnung der Liebe können wir einiges verhindern, was uns Leid bringt, auch wenn die vertretenen Personen selbst nicht anwesend sind.

Hellinger hat bei den Zulus in Südafrika bemerkt, dass von der jungen Generation keiner abschätzig über seine Eltern spricht. Auch wir kennen diese Weisheit schon seit biblischer Zeit (*Ehre Deinen Vater und Deine Mutter*), haben aber heute andere, sogenannte emanzipierte, Wege eingeschlagen. Wir müssen uns bewusst werden, dass die Eltern im Dienst einer größeren Kraft stehen und das Leben weitergegeben haben. In diesem Kontext haben uns die Eltern immer das Beste gegeben, was sie geben konnten, auch wenn ihre Lebensweise nicht unseren Wertmaßstäben entspricht. Hinter meinen Eltern stehen deren Eltern und so weiter. Das heißt, das Leben kommt von sehr weit her. Wenn man diesem Gebot folgt (es lebt und spürt), sind Eltern und Kinder miteinander verbunden und können trotzdem getrennte Wege gehen. Die Nachkommen verneigen sich vor ihren Eltern, geben ihnen die Ehre und bitten um den Segen.

Solange ich gegen die Eltern rebelliere oder sie gar hasse, so lange bin ich nicht frei und kann nicht meinen Weg gehen. Alles, was ich ablehne, werde ich selbst. Freiheit haben wir nicht automatisch, wir finden sie, und zwar über die Ordnung. Zur Ordnung gehört auch die Ebenbürtigkeit. Beispiel: Ein im unteren Mittelstand lebender Mann, der eine blühende Firma seiner Schwiegereltern übernimmt, wird in der Regel scheitern. Wenn Kinder aus früheren Beziehungen in eine Partnerschaft eingebracht werden, gelingt es in der Regel nicht, wenn nur ein Partner Kinder einbringt.

Oft wird eingewendet, dass Hellinger sich da etwas ausgedacht habe und man sich dagegen wehren sollte, weil es gegen die landläufige Religionsprinzipien verstoße. Dabei stellt gerade diese Familientherapie fundamentale Religion dar.

Alle Generationen sind lebendig in mir. Sie wirken auf gewisse Weise weiter. Die Vorfahren sind also in diesem Sinne anwesend. Wir alle sind Teil einer großen Seele. Wir werden über die Familienseele gelenkt durch ein gemeinsames Gewissen.

Die Familienseele akzeptiert nicht, dass Mitglieder ausgeschlossen werden, und »organisiert« den Ausgleich in nachfolgenden Generationen. Durch die Familienaufstellung wird die Lücke zwischen dem Intellekt und der Erfahrung geschlossen. Wenn Hellinger eine Familienaufstellung wirken lässt, dann werden die Betroffenen der Großen Seele anvertraut. Das müssen wir dann wirken lassen, ohne es zu zerreden. Wenn wir dieses Gebot missachten, nehmen wir die Kraft aus dem erhaltenen Bild.

Wenn ein später Geborener das Schicksal seines Früheren übernimmt, erscheint uns das vordergründig als Unrecht. Der Nachkomme steht jedoch in der Pflicht einer vorrangigen Sippen-Ordnung.

Als **Carl Friedrich von Weizsäcker** über die Apokalypse sprach, konnte eindrücklich erkannt werden, wie ein Mensch in seinem Leben die ganze Polarität durchlaufen kann und sich dessen am Lebensende auch bewusst ist.

Carl Friedrich von Weizsäcker wurde am 28.6.1912 in Kiel geboren und starb am 28.4.2007 am Starnberger See. Als deutscher Physiker erlebte er die turbulente Zeit während des Zweiten

Weltkrieges. Genau während dieser schwierigen Zeit wurde in Deutschland an geheimen Orten Physik betrieben mit dem unausgesprochenen Ziel, die Atombombe zu bauen. Auf die Frage an von Weizsäcker, wie schwer es war, im Hitlerdeutschland Physiker zu sein, antwortete er, dass dies eine komplizierte Angelegenheit war. Er habe ja schon lange zuvor mit dem Physikstudium begonnen und 1933 den Doktortitel erhalten. Da aber in jener Zeit die Juden vertrieben oder umgebracht wurden, ging ziemlich genau die Hälfte des damaligen Wissens verloren. Fast alle geflüchteten jüdischen Wissenschafter kamen in Amerika unter, was zur Folge hatte, dass Amerika in der Physik die Führung übernahm. Von Weizsäcker liebte sein Land und konnte in Deutschland auch gut leben. Nach Kriegsende arbeitete er in einem Labor, welches mit der Forschung der Kernspaltung beauftragt war. Er bekannte sich dazu, nach kindlichen Vorstellungen gelebt zu haben, was er später nicht mehr vertreten konnte mit dem Wissen, das er sich in dieser Eigenschaft als Physiker angeeignet hatte. Er gab unumwunden zu, dass ihn der Finger am Hebel der Macht gelockt hatte. Während der Kriegswirren wäre Deutschland offenbar nicht in der Lage gewesen, die Atombombe zu erschaffen. Von Weizsäcker erklärte einige Jahre vor seinem Tod, dass er den Mechanismus der Aufrüstung kapiert habe. Die Abrüstung habe früher, während des Krieges und auch heute nie geklappt. Auch wenn darüber Verhandlungen stattfinden und Verträge abgeschlossen werden, sei die Aufrüstung eine nachvollziehbare Notwendigkeit. Es sei letztlich die politische Angst, die uns bis heute vor einem globalen Atomkrieg verschont hätte. Als Beispiel nannte er die USA und Russland, die eine unglaubliche Angst voreinander hätten. Man könne sich nur sicher fühlen, wenn man stärker sei als der andere. Und genau deswegen werde auch in Zukunft munter aufgerüstet. All dies erklärte von Weizsäcker schon 1985, und die aktuelle Weltlage gibt ihm recht. Sollte es einmal eine Abrüstung geben, wäre dies nur mit einem Bewusstseinswandel denkbar. Dieser sei zwar am Laufen, er rechne aber nicht damit, dass dies noch vor dem Dritten Weltkrieg Realität werden könnte.

Von Weizsäcker ist überzeugt, dass auch nach einem Dritten Weltkrieg das Leben nicht gänzlich ausgelöscht sein würde. Auf die Frage, warum er davon überzeugt sei, antwortete er: »Weil ich Physik kann.« Selbst bei größtem Atombombeneinsatz würde das Leben zumindest auf der Südinsel von Neuseeland oder in Patagonien kulturell weiterbestehen. Wer behaupte, dass nach einem Dritten Weltkrieg das Ende der Menschheit gekommen sei, der habe nicht exakt nachgedacht. Von Weizsäcker wurde auch gefragt, ob er an einen Dritten Weltkrieg glaube. Unverzüglich antwortete er: »Das weiß ich nicht.« Nach kurzer Überlegung ergänzte er, dass er das gar nicht wissen dürfe. Wäre er überzeugt, dass ein Krieg stattfinden würde, wäre es sinnlos, sich für den Frieden einzusetzen. Wüsste er aber, dass kein Krieg mehr kommen würde, müsste er sich auch nicht mehr für den Frieden einsetzen. Er fühlt sich aber dazu verpflichtet, also darf er es nicht wissen.

Es gibt Dinge, die kann man nicht beweisen. Hitler betrat einmal eine Kirche und sagte, umgeben von Kaderleuten, dass, sollte es einen Gott geben, dieser sich jetzt offenbaren solle. Da nichts geschah, galt dies als Beweis für Hitler, dass Gott nicht existiere.

Von Weizsäcker pflanzte in seinem Garten zwei Apfelbäumchen als lutherisches Symbol der Hoffnung. Darunter baute er einen Luftschutzkeller. Da kamen in den Medien natürlich provokative Einwände. Von Weizsäcker antwortete lakonisch: »Lassen Sie mich zwei Apfelbäumchen pflanzen und sagen, dass ich zwei Apfelbäumchen gepflanzt habe. Wer's versteht, für den genügt's.« Bezüglich der Luftschutzkeller wollte er auf die Notwendigkeit dieser Schutzräume hinweisen mit dem Ziel, dass sich die Politiker um mehr als nur um den Luftschutz kümmern sollten. Das Dilemma sei, dass die Konservativen keinen Luftschutz möchten, weil keine schlafenden Hunde geweckt werden sollten. Lieber lasse man die Leute in der Illusion, dass alles o. k. sei. Die Friedensbewegung, die er in manchen Punkten als naiv bezeichnete, wolle den Luftschutz, um für den Krieg gewappnet zu sein. Letztere waren ihm immer noch lieber, denn die Gefahr wurde wenigstens erkannt.

Von Weizsäcker hegte stets eine gewisse Hoffnung darauf, was früher der Wille Gottes genannt wurde. Es gebe die Hoffnung nicht ohne das Entsetzen (Polarität). Er wurde gefragt, was er von einem allmächtigen Gott halte. Als dichterisches Bild fand er das großartig. Was es aber wirklich bedeute, könne niemand sagen. Er fordert die Menschen auf, einmal im Alten Testament nachzublättern, wo steht, dass Gott immerfort seinem

200

Volk sagte, was es tun solle, doch das Volk handelte stets gegenteilig. »Ist das ein allmächtiger Gott?«

Von Weizsäcker war einer der wenigen Wissenschaftler, der behauptete, auf seinem Gebiet alles zu wissen und trotzdem unsicher zu sein. Er war sich bewusst, dass der direkte Weg von Galilei zur Atombombe führe. Daher fragte er einmal den Schweizer Theologen Karl Barth, im Anschluss an das Studium seines umfangreichen theologischen Werkes, ob er unter diesen Voraussetzungen nicht auf die Forschung verzichten sollte. Barth antwortete, ohne zu zögern: »Also, Herr von Weizsäcker, das ist so, wenn Sie das glauben, was alle Christen bekennen und fast kein Christ glaubt, nämlich, dass Christus wiederkommen wird, dann dürfen Sie, dann sollen Sie sogar weiter Physik machen. Wenn Sie das aber nicht glauben, dann müssen Sie sofort damit aufhören.« Von Weizsäcker fand das eine schöne Antwort und machte weiter Physik.

All diese Grausamkeiten, die uns täglich über die Medien vorgetragen werden, sieht er als göttliche Gnade an unser Herz. Wir sollten uns mit den Menschen, die derart leiden, identifizieren und auch entsprechend handeln. Es genüge nicht allein die mitleidende Identifikation – diese sei eine Selbstverständlichkeit –, sondern es bedürfe auch der Identifikation mit uns selbst. Es ist eine schreckliche Entdeckung, dass auch in mir der Kain steckt. Er war sich bewusst geworden, dass auch er ein Krieger, ein Terrorist oder ein Nazi-Scherge war. Es wird manchem erspart, dass er selbst direkt zum Mörder wird, also einem verborgenen Hang nachgeht, seinen Bruder zu töten. Oder war es nur eine Gleichgültigkeit, all die Grausamkeiten im Zweiten Weltkrieg zu tolerieren? Er war zwar kein Parteimitglied und hätte locker sagen können, dass er mit dem Massenmord an Juden nichts zu tun gehabt hätte. Das wäre aber seiner Meinung nach viel zu einfach gewesen, da er ja viele Vorurteile des Regimes geteilt hatte. Er habe nie das Leben riskiert, um ein solches Regime zu verhindern. Im Gegenteil, er habe unter dem Hitlerdeutschland mancherlei Träumereien gehabt und damit gut gelebt. Er sprach darüber im Bewusstsein seiner Mitschuld an der Vernichtung von Millionen von Juden in einem Lande, dessen erwachsener Bürger er war und bis zu seinem Tode blieb. Eine solche Einsicht im hohen Alter war für ihn fast ein tödlicher Schmerz. Er erkannte aber darin eine religiöse Erfahrung, indem diese Erkenntnisse das Tor zu einer Erlösung sein könnten. Dadurch falle der Zwang einer heuchlerischen Selbstrechtfertigung von ihm ab. Er dürfe nun leben und könne seines Bruders Hüter sein: »Ich darf leben, ich darf handeln.«

Nachstehend noch ein paar Zitate von **Albert Einstein zum Thema Gott und die Welt. Albert Einstein wurde am 14.3.1879 in Ulm geboren und starb am 8.4.1955 in Princeton, New Jersey. Seine Relativitätstheorie überlebt seinen Tod auf unbestimmte Zeit:**

Der normale Erwachsene denkt über Raum-Zeit-Probleme kaum nach. Das hat er nach seiner Meinung bereits als Kind getan. Ich hingegen habe mich geistig derart langsam entwickelt, dass ich erst als Erwachsener anfing, mich über Raum und Zeit zu wundern. Naturgemäß bin ich dann tiefer in die Problematik eingedrungen als die normal veranlagten Kinder.
Schlimmstenfalls kann ich mir noch vorstellen, dass Gott eine Welt hätte schaffen können, in der es keine natürlichen Gesetze – also kurz gesagt, ein Chaos – gibt. Aber dass es Geset-

ze mit endgültigen Lösungen geben soll, das heißt Gesetze, die Gott in jedem einzelnen Fall zwingen zu würfeln, das finde ich im höchsten Maße unangenehm.

Ich glaube, dass das Problem der Friedenssicherung in der Welt auf internationaler Ebene ohne Anwendung von Gandhis Methode nicht gelöst werden kann. (Brief an Gerhard Nellhaus, 22.3.1951)

Ich bin entschiedener, aber nicht absoluter Pazifist. Das heißt: Ich bin in allen Fällen gegen Gewaltanwendung, außer in dem Falle, dass der Gegner Vernichtung des Lebens als Selbstzweck beabsichtigt.

Ich kann mir keinen persönlichen Gott denken, der die Handlungen der einzelnen Geschöpfe direkt beeinflusst oder über seine Kreaturen direkt zu Gericht säße ... (Brief an einen Bankier in Colorado, August 1927)

Alles ist vorherbestimmt. Anfang wie Ende, durch Kräfte, über die wir keine Gewalt haben. Es ist vorherbestimmt für Insekten wie für Sterne. Die menschlichen Wesen, Pflanzen oder Staub, wir alle tanzen nach einer geheimnisvollen Melodie, die ein unsichtbarer Spieler in den Fernen des Weltalls anstimmt.

Einen Gott, der die Objekte seines Schaffens belohnt und bestraft, der überhaupt einen Willen hat nach Art desjenigen, den wir an uns selbst erleben, kann ich mir nicht einbilden. Auch ein Individuum, das seinen körperlichen Tod überdauert, mag und kann ich mir nicht denken; mögen schwache Seelen aus Angst oder lächerlichem Egoismus solche Gedanken nähren.

Unser Handeln sei getragen von dem stets lebendigen Bewusstsein, dass die Menschen in ihrem Denken, Fühlen und Tun nicht frei sind, sondern ebenso kausal gebunden sind wie die Gestirne in ihren Bewegungen. (Für die Spinozzo-Gesellschaft der USA, 22.9.1932)

Welches ist der Sinn unseres Lebens, welches der Sinn aller Lebewesen? Wer sein eigenes Leben und das seiner Mitmenschen als sinnlos empfindet, der ist nicht nur unglücklich, sondern auch kaum lebensfähig.

Was immer es in der Welt von Gott und dem Guten gibt, muss sich durch uns auswirken und ausdrücken. Wir können nicht daneben stehen und Gott die Arbeit machen lassen. (Gespräch mit Algernon Black, Herbst 1940)

Ich glaube nicht an die Unsterblichkeit des Individuums, und ich halte Ethik für ein rein menschliches Unterfangen, hinter dem keine übermenschliche Autorität steht. (Zitiert in Dukas und Hoffmann, Juli 1953)

Falls Gott die Welt geschaffen hat, war seine Hauptsorge sicherlich nicht, sie so zu machen, dass wir sie verstehen können. (Brief an David Bohm, 10.2.1954)

Gott stelle ich mir überhaupt nicht vor, sondern begnüge mich damit, die Struktur der Welt zu bewundern, soweit sie sich unserem schwachen Erkenntnisvermögen überhaupt offenbart.
So kam ich (...) zu einer tiefen Religiosität, die aber im Alter von 12 Jahren ein jähes Ende fand. Durch Lesen populärwissenschaftlicher Bücher kam ich bald zur Überzeugung, dass vieles an den Erzählungen der Bibel nicht wahr sein konnte (...) Das Misstrauen gegen jede Art von Autorität erwuchs aus diesem Erlebnis (...) Eine Einstellung, die mich nicht

wieder verlassen hat.

Meine Religion besteht in der demütigen Anbetung eines unendlichen Geistigen Wesens höherer Natur, das sich selbst in den kleinen Einzelheiten kundtut, die wir mit unseren schwachen und unzulänglichen Sinnen wahrzunehmen vermögen. Diese tiefe gefühlsmäßige Überzeugung von der Existenz einer höheren Denkkraft, die sich im unerforschlichen Weltall manifestiert, bildet den Inhalt meiner Gottesvorstellung.

Ich habe mir fest vorgenommen, mit einem Minimum medizinischer Hilfe ins Gras zu beißen, wenn mein Stündlein gekommen ist, bis dahin aber darauf los zu sündigen, wie es mir meine ruchlose Seele eingibt. (Brief an Elsa Löwenthal, 11.8.1913)

Weil ich selbst alt geworden bin, empfinde ich den Tod wie eine alte Schuld, die man endlich entrichtet. Dabei tut man doch instinktiv alles Mögliche, um diese letzte Erfüllung hinauszuschieben. So ist das Spiel, das die Natur mit uns treibt.

Bis zu einem gewissen Stadium der Schwangerschaft soll Abtreibung auf Wunsch der Frau erlaubt sein. (Brief an Königin Elisabeth von Belgien, 20.3.1936)

Wir stehen immer noch neugierig wie Kinder vor dem großen Rätsel, in das wir mitten hineingesetzt wurden. (Brief an Otto Juliusburger, 29.9.1942)

Handle niemals gegen das Gewissen, selbst wenn der Staat es fordert.
Ich habe Tierleichen immer mit etwas schlechtem Gewissen gegessen. (Er war kein Vegetarier.)
Woher kommt es, dass mich niemand versteht und jeder mag?
(Interview New York Times, 12.3.1944)

Noch eine tragisch-komische Geschichte

Die Machthaber in Jerusalem machen Jesus den Prozess und lassen ihn hinrichten. Völlig erschöpft schleppt er das für die Hinrichtung verwendete Kreuz den Berg hinauf und bricht mehrere Male unter der Last zusammen. Der Weg wird gesäumt von einer wütenden Menschenmenge, die ihn noch mit Gegenständen bewirft und sensationslüstern der bevorstehenden Kreuzigung entgegensieht. Blutüberströmt stirbt Jesus qualvoll am Kreuz unter den Jubelrufen der Menschenmenge.

Etwa 2000 Jahre später erscheint der Papst in seinem Papamobil, welches mit schusssicherem Panzerglas versehen ist, und durchfährt eine freudig jubelnde Glaubensgemeinschaft hinter hohen Absperrungen. Ein besonderer Stuhl erlaubt es, den Papst sogar in das Papamobil zu tragen. Der Papst, gekleidet in einer weißen Samtkutte und ein Mahagoni-Edelkreuz nebst goldenen Schmuckstücken tragend, ruft die Gläubigen zu mehr Vertrauen auf und bekennt sich als Nachfolger von Jesus.

*

»Wenn es einen allmächtigen und allwissenden Gott gäbe, würde er sich nicht nur der ständigen unterlassenen Hilfeleistung schuldig machen, er wäre darüber hinaus der wissentliche, vorsätzliche Schöpfer allen Elends, einschließlich des ewigen Elends in der ewigen Verdammnis. Mit Liebe oder Güte wäre ein solches Verhalten unvereinbar.

Man kann es drehen und wenden, wie man will. Der menschliche Verstand ist nicht in der Lage, die letzte Wahrheit über Gott und die Welt zu erkennen.«

John Locke (1632 – 1704)

Da hat sich offenbar seit 400 Jahren nicht viel verändert. Das Leben ist eine Zeichnung ohne Radiergummi.

Einst werd ich das im Licht erkennen,
was ich auf Erden dunkel sah.
Das wunderbar und heilig nennen,
was unerforschlich hier geschah.

Christian Fürchtegott Gellert (1715 – 1769)
Altes ev.-ref. Kirchengesangsbuch, ca. 1890

LITERATURVERZEICHNIS

BETZ, OTTO: Ein Weg in die Mitte; Radio DRS II mit Lorenz Marty (2001)

DAHLKE, RÜDIGER: Der Mensch und die Welt sind eins; Hugendubel Verlag (1987)
DERSELBE: Krankheit als Symbol; C. Bertelsmann Verlag (2002)

DÄUMLING, ADOLF MARTIN: Das Weibliche im Wassermann-Zeitalter; Vortrag (1986)

DETHLEFSEN, THORWALD: Schicksal als Chance: Das Urwissen zur Vollkommenheit des Menschen; Goldmann Verlag (1980)
DERSELBE: Krankheit als Weg: Deutung und Bedeutung der Krankheitsbilder; Bassermann Verlag (2008)
DERSELBE: Gold Edition: Sämtliche Vorträge im Set (Hörbuch, 31 CDs); Aurinia-Verlag (2015)

DREWERMANN, EUGEN: Kleriker: Psychogramm eines Ideals; Walter Verlag (1990)

EINSTEIN, ALBERT: Einstein sagt: Zitate, Einfälle, Gedanken (Hrsg.: Alice Calaprice); Piper-Verlag (2007)

FRANKL, VIKTOR: ... trotzdem Ja zum Leben sagen: Ein Psychologe erlebt das Konzentrationslager; Penguin-Verlag (2018)
DERSELBE: Der Mensch vor der Frage nach dem Sinn: Eine Auswahl aus dem Gesamtwerk; Piper-Verlag (1985)
DERSELBE: Einführung in die Logotherapie und Existenzanalyse; 4 Hörbüche; Auditorium Jokers edition Netzwerk (2006)

FROMM, ERICH: Das Fiasko der Religion; 6 Vorträge auf CD; Auditorium Netzwerk
DERSELBE: Überfluss und Überdruss; dtv (35036)

GREBER, JOHANNES: Der Verkehr mit der Geisterwelt Gottes (Greber-Bibel); Johannes Greber Memorial Foundation (1958)
DERSELBE: Der Verkehr mit der Geisterwelt, seine Gesetze und sein Zweck: Selbsterlebnisse eines katholischen Geistlichen; Leuchterhand-Verlag (2011)

GRISCOM, CHRIS: Zeit ist eine Illusion; Goldmann Verlag (1986)

GRÜN, ANSELM:
Spiritualität von unten; ORF, Sendung "Focus",
"Fragen unseres Daseins" (04.12.1995)
DERSELBE: Fehler sind menschlich; Radiosend-
ung DRS II mit Lorenz Marty (03/1999)
DERSELBE: Gott, was ist das? Radiosendung
DRS II (04.02.2001)
DERSELBE: Das kleine Buch vom wahren
Glück; Hörbuch; Steinbach sprechende Hör-
bücher (2005), Herder Verlag (2011)

HABERKORN V. HABERSFELD, JOSEPH: Predigten
auf alle Sonntage des ganzen Jahres. Verlag Nabu
Press (2012)

HAHNE, PETER: Die Macht der Manipulation
und die Freiheit des Evangeliums; Vortrag in
Zürich (04.01.1984)
DERSELBE: Die Macht der Manipulation:
Über Menschen, Medien und Meinungsmacher;
Haenssler-Verlag (1993)

HELLINGER, BERT: Zweierlei Glück; Carl Auer
Verlag (1993)
DERSELBE: Ordnungen der Liebe: Ein Kurs-
Buch; Carl Auer Verlag (1994)
DERSELBE: Liebe auf den 2. Blick; TV-
Sendung "Fliege", ARD (12.02.2002);
B 3 (08.07.2004)

Jäger, Willigis: Bewusstsein und Körper; Kösel Verlag (2000)

Keil, Annelie: Jeder Schritt wagt den Fall; Radiosendung DRS II mit Lorenz Marty (1988)

Khema, Ayya: Die Kunst des Loslassens; Jhana-Verlag (2011)

Kübler-Ross, Elisabeth: Interviews mit Sterbenden. Herder-Verlag (2014)

Küng, Hans: Menschenwürdig sterben; Piper Verlag (2010)

Locke, John: Versuch über den menschlichen Verstand; Felix Meiner Verlag (2006)

Lorenz, Konrad: Das sogenannte Böse: Zur Naturgeschichte der Aggression; dtv (1998)

Montessori, Maria: Entwicklungsmaterialien in den Schulen der Kinder; Renate Verlag (2003)

Rilke, Rainer Maria: Auf der Suche nach der Quelle; Radiosendung DRS II mit Lorenz Marty (07.11.1997) Buch: Insel Verlag (1957)

Ripoche, Sogyal: Das Tibetische Buch vom Leben und vom Sterben. Ein Schlüssel zum tieferen Verständnis von Leben und Tod; Knaur-Verlag (2010)

    derselbe: Die geöffnete Hand; Radiosendung DRS II

Schuhmacher, Stephan (Übersetzer): Das Tibetische Totenbuch; Arkana-Verlag (2008)

Sheldrake, Rupert: Das schöpferische Universum; Meyster Verlag (1983)

Thich Nhat Hanh: Achtsamkeit des Herzens; Verlag Herder (2013); Radiosendung DRS II mit Lorenz Marty (01.01.1998)

Tibetanisches Totenbuch: Eugen Diederichs Verlag (1975)